BOSACKA PO POLSKU

NOWOCZESNE PRZEPISY KUCHNI POLSKIEJ

Katarzyna Bosacka – dziennikarka telewizyjna i prasowa, autorka kultowego już programu „Wiem, co jem" w TVN Style, jedynej audycji konsumenckiej ukazującej się w telewizji polskiej nieprzerwanie od siedmiu lat. Żona Marcina Bosackiego, byłego ambasadora RP w Kanadzie, niestrudzona ambasadorka kuchni polskiej, swojskich smaków i rodzimych produktów spożywczych. Wcześniej przez trzy lata mieszkała z rodziną pod Waszyngtonem, gdzie mąż był korespondentem „Gazety Wyborczej", a ona – „Wysokich Obcasów". Laureatka Telekamery, Kryształowego Pióra, Lauru Ekoprzyjaźni oraz głównej nagrody Urzędu Ochrony Konkurencji i Konsumentów – „Libertas et Auxilium".

Z wykształcenia polonistka, z pasji – szefowa kuchni. Jak sama mówi, najlepiej odpoczywa, stojąc przy garach, a ma dla kogo gotować. Bosaccy wychowują czwórkę dzieci: Jana, Marię, Zofię i Franka oraz niezwykle wybrednego psa rasy prawie gończy polski czekoladowy, który byle czego do pyska nie bierze.

BOSACKA PO POLSKU

NOWOCZESNE PRZEPISY KUCHNI POLSKIEJ

Z pozdrowieniami

Kasia Bosacka :)

publicat
WYDAWNICTWO

Przystawki zimne 8

- Łosoś z kawiorem w mrożonych łódkach z cytryny, podawany na lodzie 10
- Śledź na konfiturze z czerwonej cebuli 12
- Kaszi z wędzonym łososiem 14
- Kulki koktajlowe 16
  - Kulka: śliwka z boczkiem (czarna) 16
  - Kulka: pasta jajeczna (zielona) 17
  - Kulka serowa z szynką (różowa) 18
  - Kulka z kabanosem i cebulą (biała) 18
  - Kulka łososiowa (pomarańczowa) 19
- Kolorowe jajka na twardo 20
- Chrupiąca sałatka jarzynowa 22
- Eleganckie kanapki koktajlowe 24
- Burak z kozim serem na trzy sposoby 26
  - Carpaccio 26
  - Torcik 27
  - Tatar 27
- Pomidory z cebulą, pesto z pietruszki, ser koryciński 28
- Szparagi w szynce z kremem chrzanowym i szczypiorkiem 30
- Tatar z lubczykiem, redukcją balsamiczną i emulsją z żółtek 32
- Zimne nóżki z jajem 34
- Pasztet z musem żurawinowym i kremem chrzanowym 36
- Mus z wątróbek z wiśniami i karmelizowanym jabłkiem 38

Przystawki gorące 40

- Placki ziemniaczane z wędzonym pstrągiem i marynowaną cebulą 42
- Bliny gryczane ze śledziem, jabłkiem i kawiorem 44
- Szparagi w sosie holenderskim z makiem 46
- Sajgonki z kapustą i grzybami 48
- Minigołąbki botwinowe z burakiem i orzechami 50
- Sałatka z pieczoną dynią i jarmużem 52
- Pieczarki słodko-kwaśne z bryndzą i pietruszką 54
- Grzanki z kaszanką i figami 56
- Pierogi – koronkowa robota po polsku 58
  - Pierogi z kaczką i sosem żurawinowym 60
  - Zielone pierogi ruskie 61
  - Żółte pierogi ze śliwką i grzybami 61
  - Czerwone pierogi z kozim serem i kurczakiem 62
  - Piegowate pierogi z kapustą i grzybami 63
  - Pierogi z białym serkiem, szczypiorkiem i półpłynnym żółtkiem 64

Zupa – nasza duma narodowa! 66

- Chłodnik na botwinie z jajkiem przepiórczym 68
- Chłodnik ogórkowy z nutką mięty i malinami 70
- Chłodnik jagodowy z uszkami na słodko 72
- Krem z buraków z porto 74
- Krem z białych warzyw z płatkami migdałowymi 76
- Kremowa ogórkowa z wiosłem razowym 78
- Zupa krem z karmelizowanego kalafiora 80
- Krem z kurek 82
- Grzybowa z nutą truflową i mleczną pianką 84
- Szparagowa w dwóch kolorach 86

• *Szczawiowa z jajem 88*

• *Cappuccino ze świeżych pomidorów 90*

• *Dwukolorowa pietruszkowa 92*

• *Dyniowa z żubrówką 94*

• *Rozgrzewająca marchewkowa z imbirem i kolendrą 96*

Dania główne 98

• *Pstrąg w maku z kaszotto jaglanym przy „zielonym stawie" 100*

• *Dorsz na konfiturze jabłkowo-cebulowej z pieczonymi pomidorami i purée z kalafiora z czarnuszką 102*

• *Łosoś z miodem i Lazurem, ryż pietruszkowy, sajgonki warzywne 104*

• *Pierś z kurczaka w occie balsamicznym i porzeczkach, podawana z wytrawnymi leniwymi 106*

• *Rolada z kurczaka z agrestem i suszonymi pomidorami, purée z bobu, warzywa po polsku 108*

• *Indyk aromatyzowany żubrówką, szparagi, szare kluski z żurawiną 110*

• *Indyk w orzechach włoskich, pyzy poznańskie, szabelek 112*

• *Piersi z kaczki w miodzie pitnym, podawane z kaszą jęczmienną i jabłkami w majeranku 114*

• *Gęś owsiana, podawana z zielonymi kopytkami i czerwoną kapustą 116*

• *Schabowy w maślance, purée z ziemniaków i kapusty kiszonej, mizeria miętowa 120*

• *Polędwiczki z sosem śliwkowym, ziemniaki z rozmarynem, brokuły z czosnkiem 122*

• *Żeberka śliwkowe z sałatką ziemniaczaną i coleslawem z czerwonej kapusty 124*

• *Minikotlety mielone z sosem czosnkowo-ogórkowym, purée z groszku, obsmażana marchewka 126*

• *Gołąbki cielęce w kapuście włoskiej z czerwonym ryżem, podawane z pesto koperkowym i sosem ze świeżych pomidorów 128*

• *Eskalopki cielęce w sosie kurkowym na białym winie z tagliatelle pełnoziarnistym i wstążkami cukinii 130*

• *Zrazy wołowe z ziołowymi kluskami śląskimi i mizerią chrzanową 132*

• *Sarna w nalewce wiśniowej z babką gryczaną i buraczkami z rozmarynem 134*

• *Pyry z gzikiem, chrupiącym boczkiem i półpłynnym jajkiem, podawane z ogórkiem małosolnym 136*

• *Pęczotto z borowikami i Bursztynem na białym winie 138*

A na deser... 140

• *Truskawki z jogurtem i chałwą 142*

• *Gruszki w miodzie z bakaliami 144*

• *Karmelizowane brzoskwinie z cynamonową bitą śmietaną 146*

• *Ajerkoniak z jeżynami 148*

• *Sernik na zimno z jagodami 150*

• *Panna cotta makowa z sosem wiśniowym 152*

• *Pierogi czekoladowe z jabłkiem i serem 154*

• *Domowe pralinki 156*

Białe z żubrówką 156

Krówki 156

Śliwki w czekoladzie 157

Trufle różane 157

• *Tarta makowa z bezą 158*

• *Kruche ciasto ze śliwkami z sosem waniliowym 160*

• *Mazurek cytrynowy z bakaliami 162*

• *Sernik z konfiturą z płatków róż 164*

• *Ciasto buraczkowe 166*

Nowoczesna kuchnia polska

dla każdego

Kuchnia polska to jest to! Od kilku lat odkrywamy ją na nowo, szukamy niecodziennych smaków i potrafimy je docenić. Coraz więcej Polaków zamiast zwyczajnego schabowego woli widzieć na talerzu gęś czy dziczyznę, woli jeść mniej, a wykwintniej, zaskakująco i interesująco, ale nadal po polsku.

„Zapomnijcie o staromodnym i ciężkim jedzeniu z kraju niedostatku. Ćwierć wieku po upadku komunizmu Polska ma silną gospodarkę, a jej kuchnia jest znacznie lżejsza" – tak rozpoczął swój artykuł słynny kanadyjski krytyk kulinarny Ron Eade po lunchu w ambasadzie RP w Ottawie, podczas którego wraz z moim mężem promowaliśmy nowoczesną kuchnię polską wśród dziennikarzy, szefów kuchni i autorów książek kulinarnych.

Nic dziwnego, że Ron Eade siadał do naszego stołu z pewnym nastawieniem. Wielokrotnie, nawet z ust Polaków, słyszałam, że nasza kuchnia jest pszenno-buraczana. Szczerze mówiąc, serdecznie tego określenia nie znoszę i kompletnie się z nim nie zgadzam. Z niejednego pieca jadłam chleb, kosztowałam dań niemal wszystkich kuchni świata, bywałam w najlepszych restauracjach w Europie i Ameryce i mogę powiedzieć jedno: kuchnia polska jest absolutnie niezwykła – różnorodna, zaskakująca, niebywale smaczna i coraz bardziej nowoczesna. Zmienia się tak samo dynamicznie, jak nasz kraj. Od kilku lat bez kompleksów wytrzymuje konkurencję z najbardziej znanymi kuchniami europejskimi, a w naszym regionie jest po prostu perłą.

Jednak Kanadyjczykom i Amerykanom zwykle nie kojarzy się najlepiej – najczęściej z kiełbasą, bigosem, wódką i pierogami. Wiem o tym, bo mieszkaliśmy trzy lata w Stanach Zjednoczonych i trzy lata w Kanadzie. Czas to w końcu zmienić i pokazać, że potrafimy jeść lekko, nowocześnie i pysznie. To prawda, że polskie sklepy za oceanem radzą sobie całkiem dobrze. Wędliny, słodycze, pieczywo, sery, zwłaszcza białe, oraz przetwory cieszą się dużym powodzeniem nie tylko wśród Polaków, ale także Kanadyjczyków czy Amerykanów. Zresztą od kilku lat podbijają też Europę. Jednak z restauracjami polskimi za oceanem jest gorzej. Zwykle są to jadłodajnie z bardzo tradycyjnymi daniami, serwujące potrawy dość ciężkie, mało finezyjne, choć owszem, zdarza się, że niezwykle smaczne. Może dzieje się tak dlatego, że ostatnia fala emigracji polonijnej to lata osiemdziesiąte? Wtedy rzeczywiście na polskich stołach królowała kapusta zasmażana, ziemniaki i kotlet jajeczny, a w polskich restauracjach drobiowy „scha-

bowy" doważany pieczarkami albo ananasem. Gospodynie domowe zastępowały szynkę mortadelą, marcepan robiły z fasoli, a czekoladę wyczarowywały dzieciom w postaci bloku kakaowego z bakaliami. Polska kuchnia była wtedy „zastępcza", zupełnie jak etykieta na wyrobie czekoladopodobnym wystanym w długiej kolejce. Nikt wówczas nie słyszał o gęsi, chłodniku, szparagach czy serach zagrodowych. Ale kuchnia polska przez ostatnie lata zmieniła się nie do poznania, z czego powinniśmy być naprawdę dumni.

Jeszcze kilka lat temu w modzie było japońskie sushi, meksykańskie burrito i włoska pasta. Dziś coraz częściej i coraz chętniej Polacy stawiają na rodzime dania. Mają w czym wybierać. Oprócz kanonu – zup, pierogów, gołąbków czy mielonych – i domorośli kucharze, i szefowie kuchni coraz częściej sięgają po potrawy regionalne, dawne przepisy oraz lokalne smaki. Już nie tylko wieprzowina, kapusta, ogórki kiszone, fasolka szparagowa czy ziemniaki królują na polskich talerzach, ale coraz częściej staropolskie krupy, olej rydzowy, jarmuż czy topinambur. Wraca moda na czarny bez, morwę białą, mirabelki, grasicę czy nereczki. Tryumfy święcą lokalne pasieki, serowarnie i mikrobrowary. Na targi śniadaniowe propagujące tradycyjne produkty bez paskudnej chemii tłumy walą drzwiami i oknami, bo my, Polacy, w istocie rzeczy jesteśmy wielkimi smakoszami. Lubimy dobrze zjeść, lubimy grillować, biesiadować, smakować.

W ostatnich latach wydano wiele znakomitych książek propagujących nowoczesną kuchnię polską, ale często są to propozycje nie dla kucharzy amatorów, ale dla zaawansowanych, wyposażonych w kosmiczny sprzęt. Trudno w przeciętnym polskim M-3 operować ciekłym azotem, pistoletem wędzarniczym, strzelającym cukrem czy maszyną sous vide. Moja książka jest dla tych wszystkich, którzy mają w kuchni sprzęt podstawowy – nóż, deskę do krojenia, garnek i blender. Którzy kochają tradycyjną kuchnię polską, ale chcą zaskoczyć siebie i gości dobrze znanymi daniami przyrządzonymi i podanymi inaczej. Zatem noże w dłoń, para buch, wyobraźnia w ruch! Witajcie w świecie kolorowych pierogów, tatara z lubczykiem i śledzi z kawiorem. Niech smak pstrąga w maku i tęczowych gołąbków będzie z Wami!

Kasia Bosacka

Zimny bufet to mocna strona kuchni polskiej. Na zimno jemy ryby, zwłaszcza śledzie sauté, z cebulą, w oleju lnianym, w pomidorach, w occie, w sałatkach. Jajka na twardo z majonezem, szczypiorkiem, szynką i innymi dodatkami pojawiają się na polskim stole nie tylko w Wielkanoc i nie tylko na śniadanie, ale także podczas innych uroczystości jako jedna z wielu zimnych przystawek. Inspiracji do polskich dań na zimno można też szukać wśród popularnych past śniadaniowych – jajecznej, rybnej, twarogowej, na bazie wędliny. W menu każdej restauracji w kraju nad Wisłą jako zimna zakąska obowiązkowo musi znaleźć się tatar wołowy, z całym wachlarzem drobniutko posiekanych dodatków, oraz zimne nóżki, czyli galaretka (czy jak to mówią w Wielkopolsce galart) na bazie giczek wieprzowych i warzyw, podawana najczęściej z octem.

PRZYSTAWKI ZIMNE

Przez lata niedostatku nauczyliśmy się przyrządzać coś z niczego, czyli sałatki. Bez jarzynowej z warzyw z rosołu czy śledziowej z cebulą, ziemniakami i burakiem nie wyobrażamy sobie spotkania towarzyskiego, świąt i imienin. Sery oraz cudowne polskie wędliny dopełniają zimny stół. Jesteśmy mistrzami pasztetów, a nasze szynki, kiełbasy czy kabanosy należą do najlepszych na świecie. Po drugiej stronie oceanu, w Stanach Zjednoczonych i Kanadzie, funkcjonuje nawet sprytne hasło reklamowe. Jeśli producent kiełbasy czy sprzedawca hot dogów chce podkreślić, że serwuje wyjątkowo dobrą wędlinę, pisze na opakowaniach lub w reklamie wielkimi literami „POLISH SAUSAGE", choć zwykle ta kiełbasa nie ma nic wspólnego ani z polskim smakiem, ani z jakością, ani z tradycyjnym sposobem produkcji.

Zimne dania kuchni polskiej mają jeszcze jedną wspaniałą cechę – prawie wszystkie można przygotować dzień wcześniej (oprócz tatara), tuż przed przyjęciem wyjąć na talerz, udekorować i gotowe. Wszystkie w wersji nowocześniejszej, lekko zmodyfikowanej sprawdzą się zarówno na imieninach, jak i podczas uroczystości rodzinnych czy wykwintnych śniadań.

Łosoś z kawiorem

w mrożonych łódkach z cytryny, podawany na lodzie

Proste danie, które nieustannie budzi zachwyt gości. Jego wielkim fanem jest jeden z najbardziej znanych kanadyjskich krytyków kulinarnych – Pierre Jury, dziennikarz francuskojęzycznej gazety ottawskiej „Le Droit". Ten sposób podawania ryb na zimno zaadaptował Jason Kacprzak, szef kuchni polskiego pochodzenia, który w swojej restauracji Kapzak Bistro w Sherbrooke koło Montrealu serwuje dania kuchni polsko-quebeckiej. Do zamrożonej łódeczki z cytryny po prostu wkłada się rybę wędzoną czy marynowaną – makrelę, pstrąga, węgorza czy śledzia. Można z nich dzień wcześniej zrobić pastę z odrobiną jogurtu, majonezu, drobno pokrojonej cebuli i koperku. Cytrynowe łódki podaje się zbiorowo na półmisku wyłożonym lodem albo bardziej elegancko – na indywidualnych talerzach.

8 osób
łatwe

200 g wędzonego łososia, 4 spore cytryny, 3 łyżki soku z cytryny, 2 łyżki serka naturalnego do smarowania pieczywa, 1/2 pęczka koperku, szczypta cukru, 2–3 łyżeczki kawioru

Koperek siekamy jak najdrobniej. Łososia kroimy w spore kwadraty, mniej więcej 1,5 na 1,5 cm. Cytryny szorujemy, przekrawamy wzdłuż na pół. Małym nożykiem z ostrym czubkiem podważamy miąższ, by oddzielić go od białej wyściółki, którą mają wszystkie owoce cytrusowe, czyli tzw. albedo. Pomiędzy miąższ i albedo wkładamy palce i wyciągamy zawartość cytryn (to najtrudniejsza część przepisu). Łódeczki cytrynowe wkładamy do plastikowej torebki i wrzucamy do zamrażarki na co najmniej 2 godziny.

Za pomocą małej rózgi lub widelca ostrożnie mieszamy serek z sokiem z cytryny, dodajemy posiekany koperek i szczyptę cukru. Tak powstały lekki sos cytrynowo-koperkowy delikatnie łączymy z pokrojonym łososiem.

Łódeczki z cytryny wyjmujemy z zamrażalnika tuż przed podaniem. Wkładamy do nich łososia w sosie koperkowym i układamy na talerzu wyłożonym kostkami lodu. Jeśli łódeczki zbyt mocno „pływają" po talerzu i są niestabilne, delikatnie ścinamy im denko (ale tak, by nie zrobić dziury). Łososia dekorujemy kawiorem. Kawior można zastąpić gałązkami koperku.

Jak kupować kawior?

Im ziarenka większe, jaśniejsze, bardziej błyszczące i równe, tym droższe i smaczniejsze. Nie powinny być posklejane ani zbyt mocno pachnieć rybą. Jeśli po otworzeniu puszki lub słoika wszystkie jajeczka zostaną w środku, a powierzchnia kawioru będzie gładka – to znaczy, że mamy do czynienia z produktem wysokiej jakości. Co ciekawe, nie tylko Rosja jest producentem doskonałego kawioru, ale od niedawna także Polska, a dokładnie jedno z gospodarstw rybackich niedaleko Konina. Jednak w naszych sklepach taki kawior kupić niełatwo, głównie dlatego, że jest horrendalnie drogi. Kosztuje od kilkuset do nawet kilku tysięcy złotych za 100 g. W sklepach jesteśmy skazani na kawior czerwony z łososia lub gromadnika (kapelana), żółty z dorsza czy złocisty z pstrąga. Bardzo często można też spotkać kawior podrabiany, czyli barwioną na czarno lub pomarańczowo ikrę twaszy (zająca morskiego). Jej jajeczka są mikroskopijnej wielkości, a walory smakowe niemal żadne w porównaniu z ikrą jesiotra. „Kawior" sprytni oszuści potrafią też wyprodukować z... rosołu rybnego zagęszczanego żelatyną i sztucznie barwionego. Na czarno-złotym opakowaniu widnieje często napis bukwami „Krolevskij Caviar", cena powala z nóg (ok. 70 zł za małe pudełeczko), a w środku zwykły bulion z kolorem.

Śledź na konfiturze

z czerwonej cebuli

„Przyznam szczerze, że zamarłam, gdy usłyszałam, że zaserwuje mi pani śledzia. Do tej pory stanowczo się go bałam. Wydawał mi się słony, kwaśny, po prostu ohydny. Po tej degustacji stanowczo zmieniam zdanie, śledzie są po prostu pyszne!”. To słowa Margaret Dickenson, kanadyjskiej dziennikarki, autorki książek kucharskich i programów telewizyjnych. Jej zachwyt mnie nie dziwi. Słonawy, tłusty śledź w zestawieniu ze słodko-kwaśną konfiturą z czerwonej cebuli, podany na chrupiącej grzance czy pumperniklu atakuje wszystkie zmysły. Zarówno śledzia, jak i konfiturę warto przygotować w większej ilości, gdyż oba składniki dania zamknięte w słoiczkach świetnie nadają się do przechowywania w lodówce przez wiele dni. Śledzie można potem wyjadać wprost ze słoika, a konfiturę podawać na kanapce ze słonym, np. kozim czy pleśniowym, serem.

8 osób
średnio trudne

4 płaty śledzia solonego z beczki, mleko do namoczenia śledzi, 3 średnie cebule czerwone, 1 łyżka masła, 2 łyżki octu balsamicznego lub winnego, 1 spora łyżka miodu, 3 łyżki jogurtu naturalnego, 1 łyżka majonezu, 1/2 pęczka koperku, szczypta cukru, 2 duże plastry pumpernikla klasycznego lub 8 okrągłych koktajlowych (można je kupić w delikatesach), 4 łyżki delikatnego, spulchnianego azotem serka do smarowania pieczywa

Cebulę obieramy, kroimy w piórka. Na patelni rozgrzewamy masło, wrzucamy cebulę i dusimy 10 minut na małym ogniu, aż zmięknie. Dodajemy ocet oraz miód i dusimy jeszcze 20 minut, aż zmieni kolor, stanie się delikatna i będzie się rozpływać w ustach. Powinna być słodka i kwaśna oraz lekko tłusta jednocześnie. Przekładamy cebulę do słoiczka, schładzamy.

Filety śledziowe płuczemy, moczymy w mleku co najmniej 12 godzin, by stały się mniej słone i bardziej kruche. Wyjmujemy je z mleka, płuczemy, osuszamy ręcznikiem papierowym, kroimy w 2–3-centymetrowe dzwonka.

Jogurt mieszamy z majonezem i drobno pokrojonym koperkiem. Łagodzimy kwaśny smak jogurtu odrobiną cukru. Dodajemy śledzie, delikatnie mieszamy.

Pumpernikiel kroimy w kostki 4 na 4 cm, smarujemy dość grubo serkiem. Na serku układamy łyżeczkę konfitury z czerwonej cebuli, na niej dzwonko śledzia w jogurcie, dekorujemy koperkiem lub odrobiną surowej czerwonej cebuli.

Jak kupować śledzie?

Na półkach spotykamy najczęściej śledzia bałtyckiego lub atlantyckiego. Najbardziej ceniony jest matias (zwany też ulikiem). Matias to młody śledź atlantycki, który nie osiągnął jeszcze dojrzałości płciowej. Jest wypasiony, pełen wigoru, odławia się go przed pierwszym złożeniem ikry. Smaczny i mięsisty.

Śledzie bałtyckie są smukłe, mniejsze i mniej tłuste niż uliki. Jeśli kupujemy je na wagę, zwróćmy uwagę, jak pachną. Gdy są naprawdę świeże, mają delikatną woń, nie czuć ich... portem. Filety z matiasa na wagę powinny mieć ok. 15 cm długości, muszą być grube, jasne, twarde, nieposzarpane i nierozmiękłe. Występują jeszcze mleczaki – dojrzałe, tłuste samce śledzia, moskaliki – młode sztuki delikatnie marynowane, piklingi – wędzone w gorącym dymie, oraz rolmopsy. Czyli cała masa przetworów. Konserwy, pasty i sałatki zawierają zazwyczaj więcej tłuszczu, cukru i słodzików oraz sztucznych dodatków (konserwantów, chemicznych aromatów, barwników i poprawiaczy smaku), a mniej składników odżywczych. Dlatego warto sprawdzić na opakowaniu, ile jest śledzia w śledziowych rolmopsach lub sałatce – wskaźnikiem niech będzie zawartość białka (im więcej, tym lepiej). Najlepiej jednak kupować śledzie w postaci solonych płatów. Trzeba je w domu wymoczyć (najpierw w wodzie, potem w mleku), bo sól jest przyczyną nadciśnienia. Na opakowaniach produktów, także tam, gdzie śledzie sprzedawane są na wagę, powinna być informacja o kraju pochodzenia. Często na słoikach i tackach znajdziemy też obszar połowu, np. FAO 27. To akurat dobrze, bo tym symbolem oznacza się wybrzeża Szkocji, Holandii i Szetlandów, czyli północno-wschodniego Atlantyku, skąd pochodzą najlepsze i najtłustsze okazy.

Kaszi
z wędzonym łososiem

Lubię sushi, ale po pierwsze jest drogie, a po drugie nie zawsze mam pod ręką dobrą suszarnię. Jako zwolenniczka kuchni lokalnej zamieniam więc sushi na kaszi. Pierwszy raz robiłam je w 2013 roku podczas dorocznej imprezy u fotografki Eli Kinowskiej, która mieszka pod Ottawą, ale już w Quebecu. Zgromadzeni u niej licznie urzędnicy, biznesmeni i ludzie sztuki przez cały wieczór pytali mnie o polską kaszę, a ja musiałam opowiadać o jej walorach zdrowotnych, różnorodności, smaku i wyższości nad białym, niemal pozbawionym wartości odżywczych ryżem. Kaszi cieszyło się też dużą popularnością podczas świąt narodowych w ambasadzie polskiej w Ottawie.

4 rolki (4 osoby)
średnio trudne

1 szklanka kaszy jaglanej, 1 łyżka kaszy manny, 2 szklanki wody, 2 łyżki octu jabłkowego, szczypta soli, szczypta cukru, 1/2 średniego ogórka, 100 g wędzonego łososia, 1/2 awokado, 4 łyżki serka naturalnego do smarowania pieczywa, 2 łyżeczki chrzanu, 2 listki nori – wodorostów do sushi, kilka gałązek kopru, kilka łodyżek szczypioru, 3 łyżki sosu sojowego

Kaszę jaglaną przepłukujemy gorącą wodą (żeby nie była gorzka). Dwie szklanki wody doprowadzamy do wrzenia, wrzucamy kaszę jaglaną i kaszę mannę. Gotujemy około 15 minut, prawie nie mieszając. Przykrywamy na 10 minut. Zdejmujemy pokrywkę i pozostawiamy do wystudzenia. Po wystygnięciu do kaszy dodajemy sól, cukier i ocet jabłkowy, mieszamy.

Ogórek szorujemy szczoteczką, przekrawamy na pół, usuwamy gniazdo nasienne. Awokado myjemy, obieramy, przekrawamy i usuwamy pestkę. Ogórka, awokado i łososia kroimy w cienkie, podłużne paski.

Arkusz nori układamy na macie bambusowej matową stroną do góry. Na arkuszu do 3/4 jego wysokości układamy kaszę jaglaną (niezbyt grubą warstwę). U dołu, na wysokości 1/4 od brzegu arkusza, rozsmarowujemy 2 łyżki serka wymieszane z łyżeczką chrzanu. Na niej układamy gałązki koperku, łodyżki szczypioru, paski ogórka i awokado, w końcu łososia. Za pomocą maty bambusowej zawijamy całość w rolkę, ugniatając, choć nie za mocno, by nie przedziurawić nori. Rolkę kroimy najpierw na pół, a potem każdą z połówek jeszcze raz i jeszcze raz na pół. Z każdej rolki powstanie nam 8 sztuk kaszi. Nóż dla ułatwienia operacji warto moczyć w wodzie po każdym przecięciu. Kaszi podajemy z sosem sojowym oraz polskim tartym chrzanem.

Jak kupować wędzonego łososia?

Piękny łososiowy kolor ryba ta zawdzięcza paszy bogatej w karetonoidy, które nie są szkodliwe dla naszego zdrowia. W ten sam sposób, podając kurom paszę z barwnikiem, koloruje się żółtka jaj. Kupując wędzonego łososia, warto przyjrzeć się opakowaniu i sprawdzić datę przydatności do spożycia, region, z którego pochodzi ryba, i – co ważne – gramaturę. Czasem opakowanie jest wielkie, a w środku prawie nie ma ryby. Łosoś nie powinien mieć plam, przebarwień ani szarych błon, które powodują, że jest niesmaczny i twardy w tych miejscach.

Kulki koktajlowe

Pomysł na tę przystawkę oparty jest na polskich pastach śniadaniowych i tradycyjnych smakach koktajlowych typu śliwka z boczkiem. Zadanie trochę pracochłonne, ale za to spokojnie można przygotować pasty dzień wcześniej, a w dniu przyjęcia uformować tylko kulki i obtoczyć w wybranych dodatkach. Bardzo nowocześnie wyglądają na prostokątnych albo kwadratowych zbiorczych talerzach lub pogrupowane, np. w czwórki, na talerzach indywidualnych. Można też włożyć je w papilotki, których używa się do czekoladek. Warto puścić wodze wyobraźni i bawić się ich smakami, fakturami, kolorami. Taką prezentację nowoczesnej kuchni polskiej przygotowałam swego czasu dla ottawskiej galerii Alpha prowadzonej w sercu kanadyjskiej stolicy przez Polaków Edytę i Dominika Sokołowskich. Dominik Sokołowski, słuchając nokturnów Fryderyka Chopina, namalował obrazy w tonacji czarno-białej, Edyta zaprosiła śmietankę towarzyską miasta oraz artystów wykonujących utwory Chopina. Moim zadaniem było przygotowanie artystycznych przekąsek. Czarno-białe kulki koktajlowe z pastą jajeczną obtoczone w płatkach suszonej cebuli, kulki z pastą z tuńczyka w płatkach migdałów czy wariacje na temat śliwki z boczkiem obtoczone w maku wyglądały i smakowały naprawdę dobrze. Polecam wszystkim zmęczonym tradycyjnymi, nudnymi przystawkami. Nudzie na przyjęciach mówimy stanowcze nie!

Kulka: śliwka z boczkiem (czarna)

ok. 10 kulek
łatwe

150 g boczku wędzonego, 150 g dość gęstego serka naturalnego do smarowania pieczywa, 5 śliwek suszonych, 1/2 szklanki maku

Boczek kroimy w kostkę, wrzucamy na patelnię, smażymy na średnim ogniu, nie mieszając, żeby tłuszcz się wytopił. Gdy tłuszcz stanie się płynny, a mięso ciemnoczerwone i chrupkie, łyżką cedzakową wyjmujemy mięsne skwarki z patelni i wrzucamy do blendera. Dodajemy serek i śliwki. Miksujemy tak, by składniki się połączyły, ale masa nie była idealnie gładka. Nie trzeba jej solić, bo boczek jest zwykle wystarczająco słony. Masę wkładamy do lodówki na co najmniej 2 godziny, by stężała. Po tym czasie wyjmujemy ją i za pomocą łyżeczki do herbaty i rąk formujemy kulki na jeden kęs (o średnicy 2–3 cm). Każdą kulkę obtaczamy w maku i układamy na talerzu.

Kulka: pasta jajeczna (zielona)

ok. 10 kulek
łatwe

5 jajek, 1 i 1/2 łyżki majonezu, sól, pieprz, duży pęczek szczypiorku

Jajka gotujemy na twardo, chłodzimy, obieramy, rozgniatamy mocno widelcem. Dodajemy majonez, sól i pieprz do smaku. Wstawiamy na 2 godziny do lodówki. Po tym czasie bardzo drobno siekamy szczypiorek. Pastę wyjmujemy z lodówki, formujemy kulki o średnicy 2–3 cm, obtaczamy w szczypiorku i układamy na talerzu obok kulek makowych.

Kulka serowa z szynką (różowa)

ok. 10 kulek
bardzo łatwe

200 g gęstego serka do smarowania pieczywa, 1 mała cebula, 1 i 1/2 łyżki chrzanu, 100 g szynki tradycyjnej z jak największą zawartością mięsa

Cebulę obieramy, kroimy w jak najdrobniejszą kostkę. Serek mieszamy z chrzanem (jeśli chrzan jest rzadki, lepiej odsączyć go na sitku, by masa się nie rozpływała). Dodajemy cebulę, mieszamy, odstawiamy do lodówki na co najmniej 2 godziny. Po tym czasie wyjmujemy masę z lodówki. Formujemy kulki o średnicy 2–3 cm. Szynkę siekamy w jak najmniejszą kostkę (właściwie bardziej powinna przypominać wiórki). Każdą kulkę obtaczamy w szynce i układamy na talerzu.

Kulka z kabanosem i cebulą (biała)

ok. 10 kulek
bardzo łatwe

100 g kabanosów dobrej jakości, 1 mały ogórek kiszony, 100 g bardzo gęstego serka naturalnego, 50 g suszonej cebuli (można ją kupić w ekosklepach, ale i w zwykłych supermarketach, w torebkach, w dziale z przyprawami)

Kabanosy obieramy ze skórki, kroimy w jak najmniejszą kostkę. Ogórka odsączamy, usuwamy pestki ze środka, jeśli je ma, i siekamy w maleńkie kawałki. Serek mieszamy z pokrojonym kabanosem i ogórkiem, wstawiamy do lodówki na co najmniej 2 godziny. Po schłodzeniu formujemy kulki o średnicy 2–3 cm, które obtaczamy w suszonej cebuli i układamy na talerzu.

Kulka łososiowa (pomarańczowa)

ok. 10 kulek
bardzo łatwe

100 g łososia wędzonego, 100 g gęstego serka naturalnego, 1 łyżeczka soku z cytryny, 4 łyżki kawioru pomarańczowego z łososia lub gromadnika

Łososia drobno kroimy, dodajemy sok z cytryny i serek, mieszamy. Wstawiamy do lodówki na co najmniej 2 godziny. Po wyjęciu formujemy kulki o średnicy 2–3 cm i lekko dociskając, obtaczamy je w kawiorze. Układamy na talerzu obok kulek w innych kolorach.

Jak kupować serki i twarożki?

Najlepszy będzie biały serek, nie twaróg, ale ten spulchniany nieszkodliwym azotem albo gładki, aksamitny, w płaskim pudełeczku. Zdrowe serki to te naturalne, bez dodatków. Mają niewiele tłuszczu (od 3 do 10%) i co za tym idzie – kalorii (ok. 120 w 100 g), za to sporo wartościowego białka. W porównaniu z masłem (735 kcal) czy margaryną (od 360 do 700 kcal) to naprawdę niewiele. Serek warto posypać szczypiorkiem, można do niego dodać czosnek, suszone pomidory, świeżą bazylię – i mamy zdrowy serek smakowy. Uwaga jednak na serki śmietankowe, które mogą mieć nawet 25% tłuszczu i 250 kcal w 100 g, a przede wszystkim na pseudoserki. Czasem bowiem coś, co wygląda jak ser – nawet nazwa to sugeruje: „śniadaniowy", „poranny", „kanapkowy" – wcale nim nie jest. Słowa „ser" na opakowaniu nie znajdziemy, bo te „cuda" serowarstwa spaskudzonego zawierają głównie zatykający nam żyły tłuszcz roślinny utwardzany i wodę zagęszczoną np. żelatyną wieprzową. Nic, tylko śmiać się jak głupi do pseudosera.

Kolorowe jajka na twardo

Odrobina pomysłowości i wszystkim dobrze znany, tradycyjny przepis nabiera nowocześniejszych rumieńców. Czerwona cebula, suszone pomidory, natka pietruszki, pestki, kiełki, łosoś wędzony – możliwości i kolorów jest bez liku. Sednem przepisu jest odpowiednie wybranie (patrz ramka), ale i ugotowanie jajek. Niby nic prostszego, ale wiele osób po prostu je przegotowuje. Stają się wtedy twarde, ciężko je obrać, a potem strawić, żółtka się kruszą, a wokół powstaje sina obwódka. Jajka na miękko gotujemy 3 minuty (warto nastawić minutnik), te na twardo zaś nie dłużej niż 6–7 minut. Im krócej gotowane, tym więcej w nich wartości odżywczych i tym łagodniejsze dla naszego układu pokarmowego.

8 osób
łatwe

8 jajek ugotowanych na twardo i ostudzonych, 1/2 kawałka chudej kiełbasy, 4 łyżki majonezu, garść czarnych oliwek, 1/2 pęczka szczypiorku

Jajka obieramy, przekrawamy na pół, podcinamy zaokrąglone doły, by nie ślizgały się na talerzu. Każdą połówkę smarujemy majonezem. Kiełbasę obieramy ze skórki, kroimy w jak najdrobniejszą kosteczkę. Szczypiorek i oliwki siekamy bardzo drobno. Na jajkach „malujemy" za pomocą składników pasy tak jak podczas malowania pisanek. Z jednej strony kładziemy pokrojone oliwki, które stworzą dolny pas, pośrodku szynkę (pas środkowy), na górze jajka – pas szczypiorkowy.

Jak kupować jaja?

Ani kolor skorupki, ani żółtka nie ma żadnego znaczenia. Na jajku najważniejszy jest... numer. Każde powinno mieć stempel, na nim cyfry – od 0 do 3, potem symbol państwa (PL) i weterynaryjny numer fermy (można ich nie stemplować, gdy jest się właścicielem stadka do 50 kur i sprzedaje się jaja na targu). Najważniejsza jest pierwsza cyfra na stemplu. Informuje ona, w jakich warunkach żyje kura, która zniosła to jajo. A to ma znaczenie i dla naszego zdrowia, i dla sumienia.

3 – oznacza chów klatkowy, czyli więzienie. Kura spędza całe życie zamknięta w klatce (kilka pięter klatek stojących jedna na drugiej). Nioski są tak stłoczone, że czasem nie mają nawet możliwości obrócenia się, dziobią się, chorują, gubią pióra. Celem takiego chowu jest maksymalizacja wydajności i zysku. Kury karmi się wyłącznie sztucznie, częściej podaje antybiotyki, by nie chorowały. Żyjąca w warunkach naturalnych kura znosi od 130 do 200 jaj rocznie, ta na fermie nawet 350!

2 – chów ściółkowy. Kura spędza całe życie w zamkniętym pomieszczeniu, karmi się ją paszą, ale przynajmniej może swobodnie się ruszać, jest zatem szczęśliwsza i już z tego powodu znosi smaczniejsze jaja.

1 – chów wolnowybiegowy. W ciągu dnia kura biega po podwórku, zjada trawę, dżdżownice, na noc zamyka się ją w klatce. Jaja od tych kur są nie tylko smaczniejsze, ale i zdrowsze, mają np. więcej żelaza.

0 – chów ekologiczny. Kura biega wolno i kiedy chce, wraca do kurnika. Zimą karmi się ją paszą z certyfikatem ekologicznym.

Na opakowaniu jajek znajdziesz też informacje o:

- klasie – czy są one przeznaczone do handlu (klasa A) czy przemysłu (klasa B),
- rozmiarze (S, M, L, XL), czyli klasę wagową, która oznacza wielkość jaja: XL – bardzo duże (73 g i więcej), L – duże (63-73 g), M – średnie (53-63 g), S – małe (poniżej 53 g).

Pozostałe napisy nie mają znaczenia dla kupującego.

Chrupiąca sałatka jarzynowa

Klasyka kuchni polskiej. Sprawdza się na co dzień, od święta, a także na eleganckich śniadaniach, jeśli podać ją ciut inaczej. Lubię sałatkę pokrojoną grubiej, z mniejszą ilością majonezu, gdy można wyczuć na języku chrupkość warzyw, ich delikatny smak. W drobno usiekanej papce zalanej majonezem takie doznania znikają. W mojej sałatce zamiast gotowanego selera jest więc seler naciowy, zamiast groszku w puszce – krótko gotowany groszek mrożony. Dodaję też ogórki konserwowe i jabłko. Majonez rozrzedzam jogurtem greckim – dla smaku to zabieg prawie niezauważalny, za to z pewnością wskazany dla bioder i wątroby.

8 osób
łatwe

3 duże marchewki, 2 pietruszki, 1 spory ziemniak, 1/2 dużego pora, 3 laski selera naciowego, 1 jabłko, 2 spore ogórki kiszone, 2 ogórki konserwowe, 5 jajek, 1 i 1/2 szklanki mrożonego groszku, 2 łyżki majonezu, 2 łyżki jogurtu greckiego, pieprz, sól, szczypta cukru

Marchew, pietruszkę i ziemniaka myjemy, obieramy i gotujemy al dente (30–40 minut). Możemy też wyjąć warzywa z rosołu – sałatka będzie smaczniejsza. Jajka gotujemy na twardo – 7 minut. Groszek wrzucamy do wrzątku i gotujemy ok. 10 minut. Seler naciowy myjemy, wyciągamy z niego twarde długie błonki, kroimy w kostkę. W kostkę kroimy również ogórki (ze skórką), jabłko (bez skórki i pestek), pora, wystudzoną marchewkę, korzenie pietruszki i ziemniaka oraz obrane i przepłukane zimną wodą jajka (lub przeciskamy je przez specjalną kratkę). Dorzucamy przestudzony groszek. Mieszamy całość z majonezem i jogurtem. Sałatkę doprawiamy solą, pieprzem i jeśli trzeba, odrobiną cukru.

Jak kupować włoszczyznę?

Marchew wybierajmy jędrną, o intensywnym kolorze, bez plam, śladów pleśni czy sparciałych miejsc. Nie musi być gigantyczna, średniej wielkości i mniejsze okazy są z reguły smaczniejsze. Jeżeli kupujemy marchewkę z zieloną nacią, trzeba ją odciąć przed włożeniem do lodówki, by korzenie zbyt szybko nie zwiędły.

Pietruszka ma charakterystyczny stożkowaty koniec. Nie należy mylić jej z pasternakiem, który cechuje się wklęsłą, fioletowobrązową obwódką w miejscu wyrastania naci. Korzenie pietruszki są mniejsze od pasternaku.

Liście pora nie powinny być mocno wysuszone ani zwiędnięte. Dobrze, jeżeli por jest już umyty. Często mimo wielokrotnego płukania w zakamarkach naci zostaje sporo piasku trzeszczącego potem w zębach.

Seler powinien intensywnie pachnieć, mieć mocno zielone liście, niespleśniałą końcówkę oraz jędrną, twardą i soczystą łodygę.

Eleganckie kanapki koktajlowe

Eleganckie, artystyczne, a tak proste. Człowiek, który w swoim życiu niejedno danie widział, a i zjadł niejedno, coraz częściej dostrzega piękno prostych połączeń i rozwiązań. Jakie to szczęście, że czas infantylnych różyczek z marchewki, łabędzi z jabłek i muchomorków z pomidora i majonezu mamy już za sobą. Barokowa ornamentyka odchodzi do lamusa, czas na nowoczesne kanapki.

2 osoby
łatwe

8 kromek chleba: razowego, sitka (w formie prostopadłościanu o podstawie kwadratu) albo pumpernikla; do smarowania pieczywa: majonez, masło, serek naturalny; 2 plastry wędzonego łososia, 6–8 gałązek koperku, 2–3 plastry polędwicy, 4–6 plasterków kindziuka, 1 duży pomidor, 3 żółtka ugotowane na twardo, 1/2 pęczka szczypioru od cebulki dymki, 10 czarnych oliwek, 1 mały ząbek czosnku, 1/2 łyżeczki oliwy, pieprz, sól

Chleb kroimy w równe kromki, odkrawamy skórkę, by uzyskać idealne kwadraty.

Pierwszą kromkę smarujemy białym serkiem i całą powierzchnię pokrywamy równo wędzonym łososiem, by powstała jednobarwna kanapka (jeśli trzeba, przykrawamy łososia po bokach). Drugą kromkę smarujemy masłem, doprawiamy pieprzem i przykrywamy w całości gałązkami koperku. Trzecią smarujemy majonezem i zakrywamy polędwicą.

Pomidora parzymy, obieramy ze skórki, pozbywamy się soku ze środka i gniazd nasiennych, kroimy w kostkę lub – lepiej – rozgniatamy widelcem. Nakładamy na czwartą kanapkę posmarowaną masłem.

Ugotowane na twardo żółtka mieszamy z odrobiną majonezu, doprawiamy solą, rozcieramy, by powstała jednolita żółta pasta. Nakładamy ją na kanapkę numer pięć.

Szóstą kromkę smarujemy serkiem i układamy na niej paski szczypioru.

Robimy pastę z oliwek – drobno je siekamy, dodajemy odrobinę soli, 1/2 łyżeczki oliwy i rozgnieciony ząbek czosnku, rozcieramy tak, by powstała gęsta masa. Siódmą kromkę smarujemy grubo serkiem i nakładamy pastę z oliwek.

Ósmą smarujemy masłem i nakrywamy kindziukiem.

Wszystkie kanapki kroimy w trójkąty i układamy na tacy tak, by łosoś sąsiadował z koperkiem, polędwica z pomidorem, pasta z żółtek ze szczypiorem, a kindziuk z oliwkami.

Jak kupować chleb?

W prawdziwym chlebie powinny być tylko cztery podstawowe składniki: mąka, woda, drożdże i sól. Nic więcej. Jeśli znajdziesz jakiekolwiek E, to znaczy, że są tam polepszacze i chemiczne dodatki. E 339-341 to fosforany wapnia zaburzające wchłanianie składników mineralnych, E 472 – syntetyczne emulgatory, dzięki którym pieczywo jest pięknie nadmuchane, E 330 – kwasek cytrynowy udający zakwas, E 220 – dwutlenek siarki, silny konserwant, E 282 – polepszacz antypleśniowy itd.

Waga. Prawdziwy żytni chleb to zawodnik wagi ciężkiej. Nie rośnie tak jak te z mąki pszennej. Dlaczego? Mąka żytnia ma mało glutenu, czyli naturalnego kleju zatrzymującego gazy wewnątrz ciasta, dzięki którym ono puchnie i wyrasta. Bochenek z mąki pszennej, jeszcze dodatkowo „nadmuchany” środkami chemicznymi, wygląda na wielki i piękny. Tymczasem jest lekki i kompletnie pusty w środku.

Skórka. Ma najwięcej przeciwutleniaczy chroniących nas przed nowotworami i starzeniem oraz najwięcej błonnika – dlatego jest twarda. W chlebie oszukańcu będzie jednolita i cienka,

w tym prawdziwym – dość gruba, ładnie przypieczona i błyszcząca. Jej powierzchnia może pękać w charakterystyczne romby, tak jak ziemia podczas upałów. Uwaga, na skórce czasem są przyklejone ziarna, byśmy myśleli, że to chleb pełnoziarnisty, ale w środku, po przekrojeniu – ziaren ani śladu.
Konsystencja i kolor. Chleb gniot, gdy go zgnieciesz, nie odzyska poprzedniej formy, bo jest jak gąbka, ma pustkę w środku. Prawdziwy chleb wróci do stanu pierwotnego. Dobry, zdrowy chleb powinien być lekko gliniasty i dać się łatwo kroić na kromki. Ma złocisty lub ciemnobrązowy kolor. Jeśli jest wyraźnie rudy (w kolorze wiewiórki) albo brązowy jak czekolada, znaczy, że dodano do niego karmelu lub słodu, by udawał zdrowsze ciemne pieczywo.

I jeszcze jedno, chleb trzeba umiejętnie przechowywać: w torbie papierowej lub lnianej ściereczce, a nie w folii, w której poci się i nie oddycha. Gdy zauważysz najmniejszą plamkę pleśni, wyrzuć cały bochenek, gdyż wydzielają się z niej substancje rakotwórcze.

Burak z kozim serem

na trzy sposoby

Kocham to połączenie. Idealne. Klasyka gatunku. Sztandarowe danie kuchni polskiej, w dodatku w kolorach narodowych. Burak i kozi ser. Burak – słodki, czerwony, lekko chrupiący. Kozi ser – biały, wytrawny, słony, aksamitny. Grecy wierzyli, że bogini piękna Afrodyta to burakom zawdzięczała swoją urodę. Do Polski przybyły one z krajów śródziemnomorskich. Podobno smakowały Chrobremu i Jagielle, Mikołaj Rej zachwalał walory „ćwikiełki", a Jan Brzechwa poświęcił burakowi kilka wierszy. Najlepiej smakuje, gdy się go upiecze. Wtedy paruje z niego woda, a smak się koncentruje. Burak staje się lekko słodki, tłustawy i mięsisty. Można z nim czynić naprawdę cuda! Cóż, Włosi mają swoje pomodori, Francuzi – salade, a my Polacy nie gęsi i swoje buraki mamy. Zdrowe, pyszne i tanie. Jak barszcz!

Carpaccio

4 osoby
łatwe

4 spore buraki, 4 łyżki pestek z dyni, 2 łyżki oliwy, 2 łyżki octu balsamicznego, 100 g miękkiego koziego serka, garść świeżego tymianku

Buraki szorujemy, pieczemy 90 minut w temperaturze 160°C. Chłodzimy, obieramy. Pestki dyni podpiekamy na patelni na średnim ogniu, często mieszając. Chłodzimy. Buraki kroimy w cieniusieńkie plastry (najlepiej za pomocą mandoliny – specjalnej krajalnicy do warzyw), układamy na talerzu. Posypujemy pestkami dyni, skrapiamy oliwą i octem balsamicznym. Z koziego sera robimy kulki, obtaczamy je w listkach tymianku i kładziemy na burakach.

Torcik

4 osoby
łatwe

4 spore buraki, 100 ml octu balsamicznego, 1 łyżka miodu, 2 łyżki oliwy, 100 g miękkiego koziego serka, garść roszponki

Buraki szorujemy, pieczemy 90 minut w temperaturze 160°C. Chłodzimy, obieramy, kroimy w plastry. Ocet balsamiczny mieszamy z miodem, łyżką oliwy, zagotowujemy i odparowujemy tak, by powstał gęsty słodko-kwaśny sos.

Na talerzu układamy piramidkę: plaster buraka, na nim kozi ser, znów plaster buraka itd. Na wierzchu powinien znaleźć się plaster warzywny. Polewamy odrobiną oliwy. Na buraku układamy roszponkę. Dookoła robimy kropki ze zredukowanego octu balsamicznego.

Tatar

4 osoby
łatwe

4 spore buraki, 1 łyżeczka kaparów, 1 łyżeczka octu balsamicznego, 1 łyżeczka oliwy, 1 ząbek czosnku, garść rukoli, 100 g miękkiego koziego serka

Buraki szorujemy, pieczemy 90 minut w temperaturze 160°C. Chłodzimy, obieramy, kroimy w dość drobną kostkę, mieszamy z kaparami, oliwą, octem i przeciśniętym przez praskę czosnkiem. Na talerzu układamy kilka listków rukoli, na nich tatara z buraka, ozdabiamy łezkami koziego sera.

Jak kupować buraki?

Dobry burak ma cienką skórkę, a po przekrojeniu – ten sam kolor na całej powierzchni. Im ciemniejszy, tym zdrowszy. Jeśli jest marmurkowy, to znaczy, że zawiera dużo celulozy, która będzie nam fermentowała w żołądku i powodowała wzdęcia. Takie buraki są też twardsze i trudniejsze w obróbce. Burak nie powinien być zbyt duży – do 8 cm średnicy, bo wszystko, co małe, jest smaczniejsze i łatwiejsze w przygotowaniu.

Pomidory z cebulą,

pesto z pietruszki, ser koryciński

Wcale nie zawdzięczamy ich królowej Bonie, bo – aż trudno w to uwierzyć – w Polsce pomidory rozpowszechniły się dopiero w XIX wieku. Klasyk kuchni polskiej: sałatka z pomidorów i cebuli, to moje wspomnienie z dzieciństwa. Czekało się na nią cały rok, bo w czasach PRL-u w sklepach pojawiały się pomidory tak na dobre dopiero w sezonie letnim. Wiosną rarytasem była kanapka z masłem i pomidorem ze szklarni. Były one wtedy tak drogie, że kupowało się je dosłownie na sztuki. Pamiętam, jak moi rodzice przywozili pomidory z działki. Takie z krzaczka, pachnące, czerwone, choć czasem nieco kostropate, zniekształcone przez Matkę Naturę, były najpyszniejsze. Z pomidorów i polskiego sera korycińskiego możemy zrobić polskie caprese.

8 osób
łatwe

4 duże pomidory sezonowe, dojrzałe, pachnące, najlepiej malinowe, 150 g sera korycińskiego zwykłego, ale może być też z czarnuszką albo wędzony, 1 pęczek pietruszki, 3 ząbki czosnku, garść orzechów włoskich, 4 łyżki oliwy, 1 łyżka octu jabłkowego lub soku z cytryny, szczypta soli, szczypta cukru, świeżo mielony pieprz

Pomidory parzymy wrzącą wodą, obieramy ze skórki, kroimy w plastry. Ser koryciński kroimy w cienkie plasterki. Do moździerza wrzucamy pokrojoną natkę pietruszki, czosnek, dosypujemy sól, szczyptę cukru i orzechy. Ugniatamy na miazgę. Dodajemy oliwę i ocet lub sok z cytryny i mieszamy, by powstał sos. Na talerzu układamy plastry pomidorów poprzekładane plastrami sera korycińskiego. Całość polewamy pesto z pietruszki, posypujemy świeżo mielonym pieprzem.

Jak kupować pomidory?

Najsmaczniejsze są w sezonie, prosto z krzaczka. Te importowane, styczniowe, z supermarketu nie mogą się z nimi równać.
Kupując pomidory, sprawdźmy ich klasę: najlepsza jest pierwsza i ekstra.
Pomidory okrągłe są zwykle bardziej soczyste i mają więcej pestek, pomidory żebrowane (np. bawole serca) – więcej miąższu i grubszą skórkę. Podłużne są mięsiste i zwarte, z mniejszą liczbą pestek i mniejszą zawartością wody. Pomidorki koktajlowe mają więcej witaminy C i są słodsze niż tradycyjne.
Dobry pomidor jest czerwony, dojrzały i lekko miękki. Powinien też pachnieć, bo intensywny zapach świadczy o świeżości. Skórka nie może mieć uszkodzeń czy przebarwień. Ważny jest intensywnie czerwony kolor, zwłaszcza przy szypułce. Różowe, a przede wszystkim zielone pomidory zawierają tomatynę, która może powodować bóle brzucha i kłopoty z trawieniem. Czerwone pomidory mają więcej likopenu – przeciwutleniacza, który chroni nas przed przedwczesnym starzeniem, zawałami serca, nowotworami i miażdżycą.
W sezonie zimowym zdrowsze niż pomidory szklarniowe są przetwory pomidorowe – przeciery, ketchup i inne, gdyż likopen w nich zawarty jest łatwiej przyswajalny.

Szparagi w szynce

z kremem chrzanowym i szczypiorkiem

„Zrób to, zanim ugotują się szparagi", mawiał cesarz Oktawian August. Ze względu na falliczną budowę już w starożytności uznawane były za afrodyzjak. „Smażone z żółtkami w miodzie i tłustym mleku wielbłądzim sprawiają, że męski członek jest w pogotowiu dzień i noc", pisał w XVI wieku szejk Omar Ibn Muhammed Al Nefzawi w „Aromatycznym ogrodzie". Uwielbiał je Ludwik XIV, który kazał wybudować przy Wersalu szklarnię zaopatrującą stół królewski w świeże szparagi przez cały rok.
Do Polski dotarły dopiero w XVIII wieku i poza Wielkopolską nie były znane aż do upadku PRL-u. Dziś ich produkcja w naszym kraju się zwiększa, średnio uprawiamy ich 5 tysięcy ton, z czego 2 tysiące eksportujemy do Niemiec. Na szczęście ich spożycie rośnie, i dobrze, bo są bardzo zdrowe.

12 osób
łatwe

1 pęczek szparagów zielonych lub białych, 1 łyżeczka masła klarowanego, 1 ząbek czosnku, 12 plasterków dobrej jakościowo szynki z jak największą zawartością mięsa, cienko pokrojonej, 6 łyżek serka naturalnego do smarowania pieczywa, 1 pęczek szczypiorku, 2 łyżki chrzanu, szczypta cukru

Zielone szparagi, jeśli są cienkie, nie wymagają obierania. Myjemy je tylko, odłamujemy zdrewniałe końcówki. Jeśli są grube, lepiej, podobnie jak białe, obrać je (bez główek) obieraczką do warzyw. Na patelni roztapiamy masło klarowane, wrzucamy szparagi, podsmażamy kilka minut, aż zielone zmienią kolor na intensywniejszy, a białe zmiękną. W trakcie smażenia można podlać je 1/4 szklanki wody, to pomaga w uzyskaniu odpowiedniej miękkości. Na koniec dodajemy wyciśnięty ząbek czosnku, smażymy jeszcze 30 sekund. Chodzi o to, by szparagi były dość miękkie, ale jednocześnie chrupkie.

Serek mieszamy z chrzanem, posiekanym szczypiorkiem, łagodzimy smak dodatkiem cukru. Na każdym plastrze szynki rozsmarowujemy łyżeczkę kremu chrzanowego, układamy szparag i zawijamy.

Jak kupować szparagi?

Mocne, zwarte główki, ładny jednolity kolor, jędrne i sprężyste – po takie szparagi sięgajmy. Sprzedawcy koniecznie powinni wystawiać je w miskach z wodą (główkami do góry), by swobodnie ją piły, nie tracąc świeżości. Te w folii czy papierze zwykle są zwiędnięte i do niczego. Końcówki nie powinny być suche, brązowoszare, zdrewniałe, tylko jasne i przezroczyste – to świadczy o ich świeżości. Zielonych i fioletowych szparagów nie trzeba obierać, wystarczy odłamać twardsze końcówki. Możemy kupować szparagi dowolnej wielkości – mniejsze sprawdzą się do przystawek, większe jako dodatek do dania głównego. Białe lepsze będą te średniej wielkości. Jeśli kupimy za grube, mogą okazać się zdrewniałe i łykowate, a gdy nabędziemy zbyt cienkie, po obraniu nic nam z nich nie zostanie. Lekko różowy kolor łebka białych szparagów nie jest niczym złym, świadczy tylko o krótkim kontakcie warzywa ze światłem. Białe szparagi rosną w kopcach, zielone wystawiają główki do światła, zmieniając kolor z białego na zielony, a fioletowe to forma pośrednia między białymi i zielonymi.

Tatar z lubczykiem,

redukcją balsamiczną i emulsją z żółtek

Legenda mówi, że tę popularną zakąskę wymyślili Tatarzy, którzy umieszczali mięso końskie pod siodłem, by kruszało, było miękkie i delikatne. Prawda jest taka, że befsztyk tatarski mają w swojej kuchni również Francuzi, którzy tatara mielą i doprawiają na ostro. Polski tatar jest zawsze siekany, podawany z mnóstwem dodatków i koniecznie z surowym żółtkiem. Niektórzy niestety doprawiają go przyprawą typu maggi, a jest to mieszanina soli, szkodliwego glutaminianu sodu, niezdrowego octu i sztucznego aromatu. Tymczasem pierwowzór takich przypraw stanowi po prostu nasz polski lubczyk, suszony albo jeszcze lepiej świeży.

4 osoby
średnio trudne

500 g świeżej polędwicy wołowej, 1/2 szklanki octu balsamicznego, 2 łyżki miodu, kilka łyżek oleju rzepakowego, kilkanaście listków lubczyku świeżego lub łyżka suszonego, 1 łyżka musztardy francuskiej z całymi ziarnami gorczycy, 8 grzybków marynowanych, 4 ogórki kiszone, 1 mała cebula, kilkanaście kaparów, 4–6 żółtek, sól, pieprz, 1 łyżka soku z cytryny, szczypta cukru, pieczywo białe lub razowe na grzanki

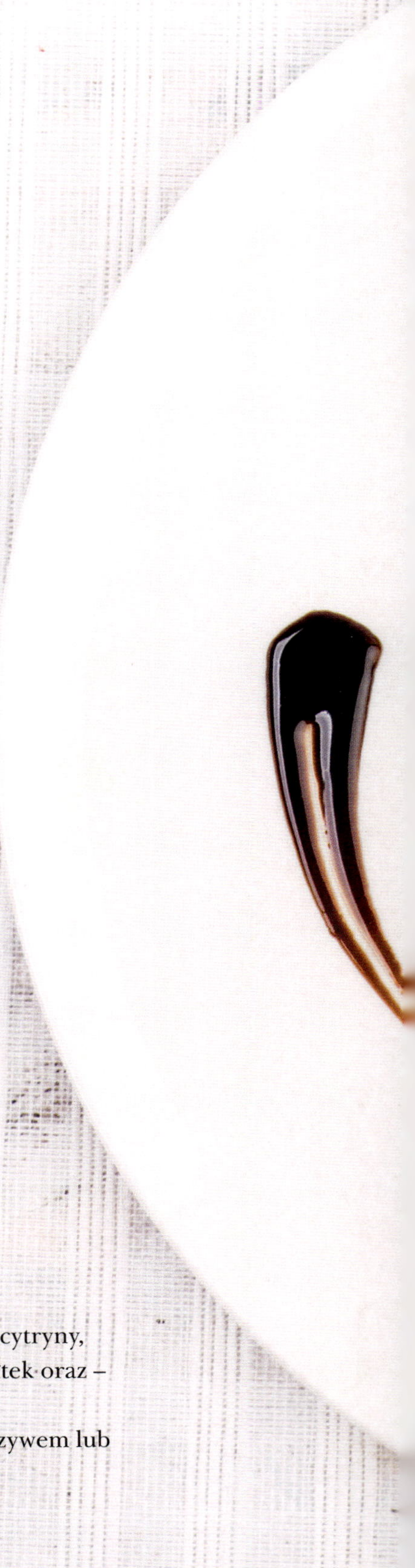

Ocet zagotowujemy, dodajemy miód i gotujemy na małym ogniu, aż płyn stanie się gęsty. Tak zredukowany ocet balsamiczny przelewamy do słoiczka. Polędwicę myjemy, drobno siekamy, wrzucamy do miski. Dolewamy 1/2 szklanki wody i olej, dorzucamy pokrojony (lub suszony) lubczyk, musztardę, doprawiamy solą i pieprzem. Wyrabiamy przez kilka minut, aż tatar stanie się gładki i błyszczący. Za pomocą formatki do potraw albo szklanki formujemy cztery płaskie walce, układamy je na indywidualnych talerzach.

Marynowane grzybki, kiszone ogórki, kapary i cebulę drobniutko siekamy i układamy wokół tatara na talerzu. Jajka parzymy, oddzielamy żółtka od białek. Żółtka ubijamy mikserem. Dodajemy sól, pieprz, sok z cytryny, szczyptę cukru. Tatara dekorujemy redukcją balsamiczną i emulsją z żółtek oraz – jeśli mamy – listkami lubczyku.

Podajemy z mocno chrupiącym, opieczonym w tosterze białym pieczywem lub „chipsami" razowymi z cieniutko pokrojonego i opieczonego chleba.

Zimne nóżki z jajem

Za nóżkami nie przepadam. Jeśli mam wybierać, wolę słodkie galaretki. Jednak trudno pominąć klasyk kuchni polskiej. Wszyscy znamy powiedzonka typu „seta i galareta", „lorneta i meduza". Jednak zimne nóżki, auszpik czy studzienina w wielu regionach niekoniecznie kojarzą się z suto zakrapianą imprezą, ale raczej ze smakiem dzieciństwa, potrawą przygotowywaną na święta. W Wielkopolsce bez tradycyjnego galartu (z jęz. niemieckiego „das gallert" oznacza galaretkę lub po prostu żelatynę) trudno sobie wyobrazić Święta Wielkanocne, spotkania rodzinne czy imieniny.
Niektóre przepisy kuchni polskiej ciężko unowocześnić na tyle, by nagle stały się odkryciem na talerzu. Można jednak zimne nóżki podać z jajem.

12 osób
trudne

6 jajek przepiórczych, 2 nóżki wieprzowe, 1 mała golonka, 1 łyżka majeranku, 6 kulek ziela angielskiego, 5 listków laurowych, 2 łyżki suszonego lubczyku, 2 średnie marchewki, kawałek selera, korzeń pietruszki, 1/2 szklanki zielonego groszku mrożonego, 2 duże ząbki czosnku, 6 suszonych pomidorów, 24 kapary, koperek lub listki świeżego lubczyku, sól, pieprz, 12 jajek kurzych, białko z 1 jaja, 2 łyżki octu winnego białego lub jabłkowego, sok z 2–3 cytryn do polania nóżek

Jajka przepiórcze wrzucamy do wrzącej wody i gotujemy 4 minuty na twardo. Nóżki, jeśli nie są oczyszczone, opalamy nad kuchenką, by usunąć włoski. Golonkę i nóżki dokładnie myjemy i moczymy w wodzie przez godzinę, by usunąć krew i zanieczyszczenia. Myjemy ponownie, wrzucamy do garnka, zalewamy wodą i doprowadzamy do wrzenia. Kiedy na wierzch wypłynie szara piana, wylewamy zawartość do zlewu, dokładnie myjemy mięso i czyścimy garnek. Umyte nóżki zalewamy czystą wodą tak, by je zakryła. Na gazę apteczną sypiemy przyprawy: majeranek, ziele angielskie, liście laurowe, lubczyk. Zawiązujemy zioła w woreczek i wrzucamy do mięsa. Gotujemy wszystko razem przez 2 godziny. Mniej więcej w połowie gotowania solimy i doprawiamy pieprzem. Po tym czasie dodajemy warzywa: marchew, pietruszkę, seler. Gotujemy jeszcze 30–45 minut. Groszek wsypujemy do rondelka, zalewamy odrobiną wywaru i gotujemy do miękkości 10 minut. Pod koniec dodajemy przeciśnięty przez praskę czosnek. Jajka przepiórcze obieramy i kroimy na połówki. Pomidory suszone kroimy w paseczki, kapary wyjmujemy z zalewy.

Wywar przecedzamy przez sitko, zostawiamy do przestygnięcia. Wyjmujemy warzywa i mięso, które – jeśli trzeba – kroimy w cienkie paseczki. Marchewkę kroimy w plasterki, każdy plasterek jeszcze na pół.

Z jajek kurzych robimy wydmuszki. Ostrym nożykiem odcinamy mniej więcej centymetr skorupki na górze jajka, by powstał otwór, do którego swobodnie można wrzucać składniki. Zawartość wylewamy do pojemnika i wykorzystujemy np. na jajecznicę.

Do każdej wydmuszki wkładamy mięso, trochę marchewki i groszku, znów mięso, listki lubczyku lub gałązki koperku, pół pokrojonego w paski suszonego pomidora, 2 kapary, na koniec połówkę jajka przepiórczego.

Przestudzony wywar klarujemy. Stawiamy na średnim ogniu, wrzucamy białko jaja oraz dolewamy ocet i energicznie mieszamy rózgą do momentu zagotowania. Kiedy pojawi się na nim piana, a wywar zacznie wrzeć, gotujemy jeszcze 2 minuty, a potem przecedzamy przez gazę rozłożoną na sicie. Zawartość każdej wydmuszki zalewamy ostrożnie wywarem, najlepiej przy użyciu małego dzbanka. Podajemy oczywiście po obraniu ze skorupek, polane sokiem z cytryny. Jeśli zostanie nam trochę składników, zimne nóżki możemy zrobić w dodatkowej miseczce o fikuśnym kształcie.

Pasztet z musem

żurawinowym i kremem chrzanowym

Piec pasztet nauczyłam się dość wcześnie – od mamy i taty. Nie było bowiem Świąt Wielkanocnych czy Bożego Narodzenia bez pasztetu. Przygotowania zaczynały się nawet kilka tygodni wcześniej, bo upolowanie dobrego mięsa w czasach burego PRL-u często graniczyło z cudem. Tydzień przed świętami w naszej ośmiometrowej kuchni na piętnastym piętrze bloku z wielkiej płyty zaczynało w końcu coś nieprawdopodobnie skwierczeć, a zaraz potem pachnieć i bulgotać. Następnego dnia maszynka do mięsa wyciem oznajmiała, że pasztet już prawie gotowy. Mielenie mięsa to zdecydowanie męska rzecz, nie jest to zajęcie ani łatwe, ani miłe. Za to doprawianie, mieszanie i dopieszczanie wymaga ręki kobiecej. Kiedy do pasztetu na samym końcu delikatnie dodawane są białka ubite na sztywną pianę, proces produkcji można uważać za niemal zakończony. Jeszcze tylko wylanie pasztetu do keksówek, trzepnięcie nimi o stół, by masa dobrze się ułożyła, i jazda do pieca! Już po kilkunastu minutach zapach mięsa, czosnku i innych przypraw rozchodził się po całym domu, a nawet okolicy.

2 keksówki
trudne

1 kg łopatki lub karkówki wieprzowej, 2 udźce z indyka, 1/2 kurczaka, 500 g wątróbki drobiowej, 3 cebule pokrojone w ćwiartki, 2 czerstwe kajzerki, garść suszonych grzybów, sól, pieprz, 3–4 liście laurowe, kilka sztuk ziela angielskiego, kilka łyżek oleju rzepakowego, 5 jajek, majeranek, świeżo starta ćwiartka gałki muszkatołowej, 6 ząbków czosnku, 150 mg koniaku, 2 łyżki masła do wysmarowania formy, 2 łyżki bułki tartej

Do podania: 1 szklanka świeżej lub mrożonej żurawiny, 2 łyżki cukru, 5 łyżek chrzanu ze słoiczka o jak największej zawartości chrzanu w chrzanie, 3 łyżki ubitej na sztywno śmietanki kremówki 35%, ogórki korniszonki marynowane w zalewie octowej, grzybki w occie (najlepiej domowe)

Łopatkę, udziec i pokrojonego w kawałki kurczaka obsmażamy po kolei na rozgrzanym oleju, a potem wszystko dusimy 2 godziny z dodatkiem cebuli, pokruszonych kajzerek, grzybów suszonych, soli, pieprzu, liści laurowych i ziela angielskiego. Od czasu do czasu dolewamy pół szklanki wody, by mięso się nie przypaliło. Kiedy zmięknie, usuwamy z niego chrząstki i kości.

Wątróbkę podsmażamy na oleju na patelni i dorzucamy do pozostałego mięsa. Studzimy je, a następnie mielimy dwukrotnie. Dodajemy pięć żółtek, sól, pieprz, majeranek do smaku, świeżo startą gałkę muszkatołową i czosnek. Dolewamy koniak i mieszamy. Na koniec dodajemy ubite na sztywno białka, co sprawi, że pasztet będzie pulchny. Dwie keksówki smarujemy masłem, posypujemy bułką tartą, wykładamy pasztet. Wkładamy do pieca nagrzanego do 170°C na półtorej godziny.

Żurawinę gotujemy na małym ogniu do miękkości, miksujemy, łagodzimy jej cierpkość cukrem. Chrzan mieszamy z kremówką.

Na talerzu układamy wycięte formatką krążki pasztetu, które dekorujemy kroplą żurawiny, kleksem kremu chrzanowego oraz drobno pokrojonymi korniszonami i grzybkami w occie.

Mus z wątróbek

z wiśniami i karmelizowanym jabłkiem

Wątróbka nie jest moim ukochanym daniem, ale doceniam jej walory kulinarne i zdrowotne – dużą zawartość żelaza, cynku, witamin z grupy B. Jednak zbyt często karmiono mnie w stołówkach przedszkolnych, szkolnych, a potem pracowniczych wątróbką z cebulą, usmażoną na zelówkę. Nie było to ani smaczne, ani lekkostrawne danie. Tymczasem wątróbka, zwłaszcza drobiowa, jest tak delikatna, że wystarczy naprawdę minuta, dwie na jednym boczku na patelni, na niezbyt dużym ogniu, by była miękka i pyszna. Uwaga, solimy ją na samym końcu, po usmażeniu. Warto też przed przyrządzeniem wymoczyć ją w mleku, by była delikatniejsza.

8 osób
średnio trudne

500 g wątróbki z kurczaka, mleko do wymoczenia wątróbki, 3 średnie cebule, 3 łyżki masła, 70 ml (większy kieliszek) nalewki wiśniowej dobrej jakości, 2 ząbki czosnku, 1 łyżeczka majeranku, świeże gałązki tymianku, 4 kwaśne jabłka, garść wiśni świeżych lub suszonych (może też być suszona żurawina), 1/2 bagietki, sól

Jak kupować wątróbkę?

Dobra wątróbka ma intensywny, ciemnobrązowy kolor, bez plam i szarego nalotu, jest dość zwarta, niezbyt wodnista i nie rozpada się. O jej świeżości świadczy również delikatny, mięsny zapach. Jeżeli ma nieprzyjemną woń lub daje się wyczuć obcy, kwaśny zapach, lepiej jej nie kupować. W domu należy przechowywać ją nie dłużej niż 24 godziny, a najlepiej przyrządzić w dniu zakupu.

Cebule kroimy w piórka, podsmażamy na łyżce masła, aż zmiękną i nabiorą złotego koloru. Zdejmujemy je z patelni, dokładamy łyżkę masła i gdy się podgrzeje, wrzucamy wymoczone w mleku co najmniej przez 2 godziny wątróbki. Smażymy po 2 minuty z każdej strony. Wlewamy wiśniówkę, podgotowujemy i wyłączamy gaz. Wątróbkę solimy, dodajemy 1/3 podsmażonej cebuli oraz czosnek i blendujemy na mus.

Mus przelewamy do malutkich miseczek lub – najlepiej – słoiczków, albo do jednego płaskiego słoika, zostawiając na górze przestrzeń do dekoracji.

Jabłka obieramy, usuwamy gniazda nasienne, kroimy w drobną kostkę. Podsmażamy na patelni na łyżce masła. Wiśnie drylujemy, wrzucamy do garnka, zalewamy odrobiną wody i doprowadzamy do wrzenia. Kiedy jabłka staną się miękkie, mieszamy je z pozostałą usmażoną cebulą, dodajemy majeranek i świeże listki tymianku, mieszamy i dekorujemy nimi naczynia z musem z wątróbki. Na wierzchu umieszczamy kilka wiśni oraz listki tymianku i gdy mus przestygnie, wstawiamy go do lodówki do całkowitego wychłodzenia. Podajemy z przypieczonymi na chrupko w tosterze grzankami z pszennej bagietki.

Małe dania na gorąco nie są aż tak popularne w kuchni polskiej jak zimne, ale sporo klasycznych przekąsek na ciepło znajdziemy w naszej tradycji kulinarnej. Część z nich można podawać jako dania śniadaniowe, kolacyjne lub po prostu dodatki do dań głównych. Klasyką gatunku są oczywiście placki ziemniaczane z wędzonym łososiem lub śledziem albo bliny – małe placuszki drożdżowe jadane choćby na Suwalszczyźnie.

Do przekąsek gorących zaliczyłabym też nasze pierogi. Owszem, w barach i restauracjach podawane są w ilościach hurtowych jako danie główne, ale ja postrzegam je raczej jako gwiazdy kuchni polskiej, bo naprawdę – wbrew powszechnemu brakowi szacunku dla personelu kuchennego, zwykle płci żeńskiej – lepienie pierogów to koronkowa i bardzo trudna robota. Powinniśmy

PRZYSTAWKI GORĄCE

się chwalić tymi arcydziełami sztuki kulinarnej i być z nich naprawdę dumni, tak jak Włosi są dumni ze swojej pasty. Odpowiednio doprawione, pięknie wyklejone z chłopskiego, dość ciężkiego i banalnego dania mogą stać się nagle prawdziwą ozdobą eleganckiego przyjęcia. Do tego można je mrozić, odgrzewać we wrzątku lub w piekarniku, odsmażać (i wtedy chyba są najsmaczniejsze). Barwienie ciasta na pierogi to też wspaniała zabawa. Używam do tego wyłącznie naturalnych składników – purée ze szpinaku, by uzyskać intensywną zieleń, kurkumy, by ciasto stało się żółte, czy soku z buraków kolorującego mąkę na różowo. Możliwości są nieograniczone. Można do ciasta dodawać przyprawy: mak, czarnuszkę, sezam – wtedy wyjdą nam pierogi piegowate. Można wrzucać do nich świeże posiekane zioła: natkę pietruszki, szczypiorek, koperek, a będą miały śmieszne zielone ciapki. Najpiękniej na talerzu wyglądają zestawione ze sobą pierogi kolorowe. Podane z lekkimi sosami pasującymi do nadzienia, wprawiły w zachwyt niejednego gościa. Gdy serwowaliśmy je podczas oficjalnych kolacji w rezydencji w Ottawie, wiele razy spotkaliśmy się z prośbami o zrobienie zdjęcia, co w kręgach dyplomatycznych zdarza się nieczęsto. Polskie pierogi podawane w rezydencji ambasadora RP trafiały potem na Facebooka czy Twittera. Chwalili je kanadyjscy parlamentarzyści, ambasadorowie różnych krajów, polscy ministrowie, a nawet Prezydent RP.

Placki ziemniaczane

z wędzonym pstrągiem i marynowaną cebulą

Złote, chrupiące, po prostu pyszne! Wykorzystywane w kuchni nie tylko polskiej, ale i żydowskiej, rosyjskiej czy ukraińskiej. Najlepsze są te, w których jest jak najwięcej ziemniaków i jak najmniej mąki. Można dekorować je słodkimi i słonymi dodatkami. Pysznie smakują z rybą, jogurtem naturalnym, ale też ze zwykłym cukrem.

8 osób
średnio trudne

1 duża czerwona cebula, 1 biała cebula, 1/2 szklanki octu winnego, 1/2 łyżeczki cukru, 500 g ziemniaków, 1 jajko, 1 czubata łyżka mąki, 150 g wędzonego pstrąga (może być też makrela, łosoś, węgorz), 4 łyżki jogurtu naturalnego, 1 łyżka kaparów, kilka gałązek koperku, olej rzepakowy do smażenia, sól

Czerwoną cebulę obieramy, przekrawamy na pół i kroimy w jak najcieńsze paseczki. Wkładamy do miseczki i zalewamy wrzątkiem. Po kilku minutach wyjmujemy ją z wody, przekładamy do słoika i zalewamy mieszaniną octu winnego, cukru i szczypty soli. Zamykamy słoik, po czym wkładamy do lodówki. Tak zamarynowaną cebulę trzeba zużyć w ciągu tygodnia.

Ziemniaki obieramy, ścieramy na tarce na średnich oczkach i odcedzamy na sitku. Masę ziemniaczaną przekładamy do miseczki, dodajemy białą cebulę startą na tarce na tych samych oczkach, jajko i łyżkę mąki. Solimy i mieszamy. Wodę pozostałą po odcedzonych ziemniakach wylewamy, ale zostawiamy skrobię, która osiadła na dnie. Dokładamy ją do masy i mieszamy.

Na patelni mocno rozgrzewamy olej i smażymy placuszki o średnicy najwyżej 5 centymetrów (mniejsze są bardziej chrupiące i ładniej prezentują się na talerzu). Przekładamy je na talerz wyłożony ręcznikiem papierowym, by odsączyć nadmiar tłuszczu. Każdy placek dekorujemy odrobiną jogurtu, wędzonym pstrągiem, koperkiem, kaparami i marynowaną cebulą.

Jak kupować ziemniaki?

Kupujmy polskie! Jesteśmy przecież potęgą ziemniaczaną. Zwracajmy też uwagę na typ ziemniaka.

Typ A – zwarty; bulwy nie rozpadają się po ugotowaniu, dają się łatwo kroić; zawierają mało skrobi; najlepiej nadają się na sałatki, do smażenia oraz na grilla. Odmiany: Accent, Frezja.

Typ B – ogólnoużytkowy; średnio twarde, na końcu gotowania stają się kruche, a przy smażeniu miękkie wewnątrz i chrupiące z wierzchu; mają średnią zawartość skrobi; idealne na frytki, placki ziemniaczane, do zupy. Odmiany: Albina, Irga, Irys, Jagoda.

Typ C – mączysty; bulwy o dużej skłonności do rozgotowywania się; po ugotowaniu suche, z trudem się je kroi, rozpadają się; mają dużo skrobi; doskonałe na babki, farsze, kluski czy purée. Odmiany: Aster, Ursus.

W sklepach znajdziemy wiele odmian pośrednich lub łączących cechy dwu typów, np. typ AB – odmiana Vineta, Agata, czy typ BC – odmiana Bryza, Augusta.

Ziemniaki pakowane powinny mieć informacje o typie na etykiecie; na bazarku pytajmy sprzedawcę, do czego się nadają. Sami możemy to sprawdzić w następujący sposób: ziemniaka przekrawamy i pocieramy połówki o siebie. Jeśli jest wodnisty, nadaje się na sałatkę i do zupy, jeśli kleisty i mączysty – będzie idealny na purée lub kluski. Kleistość świadczy o dużej zawartości skrobi, która zmiękcza kartofle podczas gotowania.

Bliny gryczane

ze śledziem, jabłkiem i kawiorem

Niezwykle popularne danie kuchni Kresów Wschodnich, zwłaszcza białoruskiej, litewskiej, ukraińskiej, a także rosyjskiej, choć Rosjanie blinami nazywają też dobrze nam znane wytrawne naleśniki, które podają ze śmietaną i kawiorem. W Polsce bliny gryczane można spotkać głównie na wschodzie – na Suwalszczyźnie, Podlasiu, w Lubelskiem.
W osadzie w okolicach jeziora Ilmień, w północno-zachodniej Rosji archeolodzy odkryli naczynia kuchenne z VIII wieku służące do przyrządzania blinów.
Podaje się je różnie – koniecznie ze śmietaną, dekorowane pieczonym mięsem, rybą wędzoną, jajkiem na twardo, grzybami, ale także na słodko – z sezonowymi owocami, konfiturą, sokiem z malin. Ja wolę je w wersji wytrawnej z rybą i kawiorem.

8 osób
średnio trudne

5 g świeżych drożdży, 1/2 łyżeczki cukru, 3/4 szklanki ciepłego mleka, 2 słodkie jabłka, 1/2 łyżki masła, 1/2 szklanki mąki gryczanej, 1/2 szklanki mąki pszennej, 2 jajka, szczypta soli, olej do smażenia, 1 pęczek szczypiorku, 1 opakowanie serka naturalnego, 3 dzwonka śledzi w oleju dobrej jakości, 1 mały słoiczek kawioru z łososia

Drożdże rozcieramy w 1/4 szklanki ciepłego mleka, dodajemy cukier, delikatnie mieszamy i odstawiamy w ciepłe miejsce na 15 minut do wyrośnięcia.

Jabłka obieramy, usuwamy gniazda nasienne, kroimy w kostkę. Podsmażamy na patelni na odrobinie masła, aż będą miękkie i lekko brązowe.

Mąkę pszenną łączymy z gryczaną, doprawiamy szczyptą soli. Dodajemy 1/2 szklanki ciepłego mleka i żółtka. Łączymy wszystko dokładnie, najlepiej mikserem. Wlewamy drożdże wymieszane z cukrem i mlekiem. Na końcu z białek ubijamy pianę i dorzucamy do masy, delikatnie mieszając. Odstawiamy w ciepłe miejsce na godzinę, półtorej, aż ciasto podwoi swoją objętość. Rozgrzewamy olej na patelni, smażymy malutkie placuszki, które posypane poszatkowanym szczypiorkiem trzymamy w ciepłym miejscu aż do przyjścia gości. Dekorujemy je serkiem naturalnym, pokrojonymi w kawałki śledziami w oleju odsączonymi na papierowym ręczniku oraz karmelizowanymi jabłkami i kawiorem.

Jak kupować drożdże?

Świeże drożdże powinny być elastyczne, miękkie, o jednolitym kolorze, bez przebarwień i śladów pleśni. Jeśli wyschły, kruszą się i mają ciemniejsze brzegi, znaczy, że są stare i nie będą w stanie „podnieść" ciasta. Na opakowaniu musi być data przydatności do spożycia. Koniecznie trzeba ją skontrolować. Warto też rozchylić papierek i sprawdzić, czy drożdże nie są wyschnięte i czy przyjemnie pachną. Świeże drożdże przechowujemy w lodówce, ale warto wyjąć je co najmniej pół godziny przed przyrządzeniem ciasta, by szybciej zaczęły pracować. Drożdże instant są łatwiejsze w obsłudze. Miesza się je ze składnikami suchymi, a potem dolewa dość ciepłej (ok. 45°C) wody lub mleka. Drożdże instant przeznaczone są do ciast lekkich, nietłustych i mało słodkich. Świeże nadają się do wypieków słodkich, ciężkich, maślanych, z dużą ilością owoców, jajek i bakalii.

Szparagi w sosie

holenderskim z makiem

Kocham szparagi, bo nie wymagają wiele zachodu, szybko się je przyrządza, a w dodatku są bardzo zdrowe. Można je podawać jako przekąskę, danie główne podczas lżejszego posiłku czy jako dodatek do mięs. A jeśli zostaną nam z obiadu lub kolacji, świetnie smakują też na drugi dzień na zimno. Szparagi znakomicie komponują się z jajkami w różnych postaciach – gotowanymi na twardo, na miękko i po benedyktyńsku – albo z klasycznym sosem holenderskim na bazie jaj i masła.

8 osób
średnio trudne

2 płaskie łyżki namoczonego maku, 1 pęczek zielonych lub białych szparagów, 6 łyżek masła, 4 żółtka, 1 łyżeczka soku z cytryny, 6 łyżek białego wina, sól, 1/2 łyżki cukru

Mak zalewamy wodą, doprowadzamy do wrzenia, gotujemy ok. 5 minut. Odstawiamy na kilka godzin, by napęczniał i stał się miękki.

Cienkie zielone szparagi nie wymagają obierania. Wystarczy tylko odłamać im zdrewniałe końcówki. Grubsze zielone szparagi, podobnie jak białe, obieramy (bez główek) obieraczką do warzyw.

Do garnuszka wrzucamy 5 łyżek masła i na małym ogniu doprowadzamy je do wrzenia. Gdy pojawi się biała piana, zdejmujemy ją łyżką cedzakową, a masło odstawiamy do przestygnięcia.

Na patelni rozgrzewamy łyżkę masła, wrzucamy szparagi. Trzymamy je na średnim ogniu ok. 5 minut, wstrząsając patelnią. Zalewamy 4 łyżkami wina, przykrywamy patelnię i gotujemy do miękkości ok. 5 minut. Pozostawiamy pod przykryciem, by nie wystygły.

Duży garnek napełniamy w 1/3 wodą i zagotowujemy. Na garnku z wrzącą wodą umieszczamy metalową miskę, wbijamy do niej żółtka. Za pomocą rózgi lub miksera ręcznego ubijamy żółtka na parze, stale podgrzewając, aż staną się gęste, puszyste, jasnożółte. Zdejmujemy miskę z garnka, powoli dodajemy masło, nadal ubijając mikserem lub rózgą. Kiedy sos będzie puszysty i jednolity, dodajemy sok z cytryny, 2 łyżki wina, cukier, sól. Na koniec wrzucamy odsączony mak i mieszamy sos łyżką. Polewamy nim szparagi i podajemy natychmiast, bo sos szybko opada.

Jak kupować mak?

Mak powinien pachnieć neutralnie. Stary będzie miał kwaśną, nieprzyjemną woń. Świeży jest słodki w smaku, stary – gorzki i zjełczały. Ten gorszy jakościowo, mocno wysuszony, będzie zgrzytał w zębach. Najbardziej znany jest mak niebieski, europejski, ale delikatniejszy, bardziej orzechowy smak ma popularny w Wielkopolsce mak biały, zwany też bliskowschodnim lub azjatyckim. To z jego dodatkiem piecze się na 11 listopada słynne rogale świętomarcińskie.

Sajgonki

z kapustą
i grzybami

Nie lubię tradycyjnych krokietów podawanych zazwyczaj w podłych restauracjach i barach do równie podłego barszczu czerwonego, najczęściej z proszku. Nie dość, że tłuste, grubaśne, obtoczone w jaju i bułce tartej, to jeszcze smażone po raz kolejny na sporej ilości tłuszczu. Farszu, czyli tego co najlepsze, zwykle w nich tyle, co kot napłakał. Wolę, gdy ciasto jest delikatniejsze, skromniejsze objętościowo, a nadzienie staje się głównym bohaterem dania. Może więc tradycyjne wytrawne naleśniki, z których robi się krokiety, zamienić na ciasto ryżowe i przyrządzić sajgonki z kapustą i grzybami? W końcu Wietnamczycy to najliczniejsza – oprócz, oczywiście, Polaków – grupa etniczna w naszym kraju.

8 osób
łatwe

spora garść suszonych grzybów: prawdziwków lub podgrzybków, 1 naprawdę duża cebula, 250 g dobrej jakościowo kapusty kiszonej, 8 listków papieru ryżowego (można go kupić niemal w każdym dużym supermarkecie), 1/2 łyżeczki oliwy truflowej (opcjonalnie), garść koperku, 1 łyżeczka masła, 2–3 łyżki oleju rzepakowego

Grzyby zalewamy niewielką ilością wrzątku, odstawiamy na pół godziny, by zmiękły i wchłonęły wodę. Cebulę obieramy, kroimy jak najdrobniej, podsmażamy na patelni na łyżce oleju. Kiedy się zrumieni, wrzucamy pokrojone drobniutko grzyby. Podsmażamy 5–10 minut, dolewając, jeśli trzeba, wody pozostałej po moczeniu grzybów.

Kapustę odcedzamy na sicie i drobno szatkujemy. W rondelku rozgrzewamy łyżeczkę masła. Wrzucamy kapustę i gotujemy do miękkości 20–30 minut, podlewając odcedzonym sokiem kapuścianym. Do ugotowanej kapusty dodajemy grzyby i cebulę, mieszamy. Farsz doprawiamy oliwą truflową i drobno posiekanym koperkiem.

Arkusz papieru ryżowego rozkładamy na blacie i lekko zwilżamy wodą za pomocą pędzla. Na środku układamy farsz i zwijamy sajgonki, które powinny być troszkę cieńsze niż nasze krokiety. Smarujemy je olejem i wkładamy do piekarnika nagrzanego do temperatury 170°C na 15–20 minut, aż się zrumienią.

Można podawać je z sokiem z buraków, z barszczem czerwonym lub jako osobne danie z sosem sojowym lub słodko-kwaśnym.

Jak kupować kiszoną kapustę

Zwróćmy uwagę, czy kupujemy kapustę kiszoną, w której ten proces przebiegał samoczynnie, naturalnie, przez wiele dni, czy raczej kapustę przemysłowo kwaszoną, w której bakterie zostały sztucznie zaszczepione i przez to jest ona uboższa w składniki odżywcze. Zdarza się, że kapusta zakwaszana jest octem albo kwasem cytrynowym, by szybciej uzyskać gotowy produkt. Najlepiej kupować ją wprost z beczki. Nie powinna mieć żadnych dodatków poza solą. Jeśli jednak skazani jesteśmy na kapustę w workach foliowych, sprawdźmy, czy nie ma w niej konserwantów, które zabijają dobroczynne bakterie probiotyczne.

Minigołąbki botwinowe

z burakiem i orzechami

Zawijanie mięsa czy warzyw w liście to nie tylko polska specjalność. Grecy mają swoje dolmades, Czesi i Słowacy – holubce, Rumuni – sarma. Kuchnia polska słynie z gołąbków. Przyrządza się je zwykle z liści białej kapusty, czasem kiszonej (całą główkę najpierw się kisi, potem zawija w nią kaszę czy mięso). Można jednak popuścić wodze wyobraźni i wykorzystać świeże liście botwiny.

8 osób
łatwe

2 średnie buraki, garść orzechów włoskich, 16 liści młodej botwiny, 200 g serka naturalnego, 2 łyżki posiekanego koperku, 2 łyżki masła, 1 łyżka chrzanu, 1 łyżka dobrej jakości majonezu

Buraki zawijamy w folię aluminiową i pieczemy 90 minut w temperaturze 160°C. Wyjmujemy, studzimy, rozwijamy z folii, kroimy w cienkie słupki.

Orzechy prażymy na patelni na malutkim ogniu, regularnie mieszając, aż zaczną pachnieć, staną się ciemniejsze i chrupkie. Studzimy je i szatkujemy.

Botwinę myjemy, odkrawamy liście, wycinamy z nich twarde końcówki, które mogą przeszkadzać w zawijaniu gołąbków. W garnku zagotowujemy wodę, wrzucamy liście botwiny i parzymy przez 5 minut. Wyjmujemy, osuszamy ręcznikiem papierowym.

Mieszamy ser z orzechami i koperkiem. Na każdym liściu kładziemy łyżeczkę masy serowo-orzechowej, na niej wzdłuż kilka słupków buraka. Zawijamy jak gołąbki. Podajemy odsmażone na niewielkiej ilości masła na ciepło lub na zimno, koniecznie z kroplą chrzanu wymieszanego z majonezem.

Jak kupować botwinę?

Młode liście buraka ćwikłowego są bogate w błonnik i przeciwutleniacze, a także kwas foliowy, żelazo, mangan i potas. Kupując botwinę, dokładnie obejrzyjmy liście. Powinny być jędrne i niezwiędnięte, mieć ciemnobordową, chrupką łodygę. Na liściach nie może być plam, przebarwień ani dziurek, które świadczą o obecności szkodników. Dobrze, by botwina była polska, a nie hiszpańska czy marokańska, bo będzie świeższa i zdrowsza – bogatsza w składniki odżywcze, które uciekają z warzywa każdego dnia podczas transportu czy przechowywania.

Sałatka

z pieczoną dynią i jarmużem

Jarmuż wraca do polskiej kuchni w wielkim stylu. Jeszcze kilka lat temu można go było spotkać głównie w kwiaciarniach i sklepach ogrodniczych, bo uchodził za roślinę ozdobną. Dziś króluje na blogach kulinarnych i w hipsterskich restauracjach. Niemal całą zimę zachowuje składniki odżywcze i dlatego już przed wiekami był, wraz z kaszą, kapustą kiszoną i rzepą, podstawą chłopskiej diety, zwłaszcza na przednówku, gdy brakowało witamin. A jarmuż je ma i to niemało. Półtorej szklanki surowych liści zaspokaja dzienne zapotrzebowanie na witaminę C. Roślina ta zawiera też dużo witaminy K wzmacniającej naczynia krwionośne, witaminy B_6*, która pomaga przyswajać składniki odżywcze, oraz kwasu foliowego potrzebnego zwłaszcza kobietom w ciąży. Ma również sporo sulforafanu, który może zwiększać aktywność enzymów odpowiedzialnych za eliminowanie komórek nowotworowych.*

2 osoby
łatwe

garść pestek dyni, 1 cebula, 2 łyżki oliwy, 300 g dyni, 1 pęczek jarmużu, 50 g sera pleśniowego rokpol lub Lazur

Pestki dyni podsmażamy na suchej patelni na małym ogniu, aż się zrumienią i zaczną pachnieć. Cebulę obieramy, kroimy w piórka, podsmażamy na oliwie, aż będzie rumiana, i zdejmujemy z patelni. Dynię obieramy ze skóry, kroimy w 1,5-centymetrową kostkę, wrzucamy na patelnię po cebuli i podsmażamy, aż zmięknie i lekko się przypiecze.

Jarmuż myjemy, usuwamy twarde włókna, kroimy w centymetrowe paski i dorzucamy do dyni na patelni. Dolewamy 1/2 szklanki wody, zagotowujemy. Kiedy woda odparuje i jarmuż stanie się miękki, wyłączamy ogień, dorzucamy cebulę i mieszamy. Układamy danie na talerzu, posypując rozdrobnionym serem i pestkami dyni.

Jak kupować jarmuż?

Intensywnie zielone, mocno karbowane liście tej rośliny rosną cały rok. Latem dają schronienie ślimakom i biedronkom, zimą cieszą oko zielenią, ale też bielą, fioletem, różem, oranżem i brązem, bo jarmuż może występować w różnych kolorach.
Spośród wszystkich kapustnych jest najbardziej odporny na niskie temperatury, a po przymrozkach jego liście są nawet lepsze, bo tracą intensywnie kapuściany smak. Jarmuż wtedy subtelnieje, staje się delikatniejszy i bardziej słodki.
W sklepach wybierajmy liście niezdrewniałe, bez plam. Należy je starannie myć, gdyż w pokarbowanych zakamarkach często gromadzi się piasek. Grube żyłki usuwajmy od razu. W takiej postaci warzywo jest przygotowane do obróbki lub zamrożenia. Jarmuż należy gotować czy podsmażać jak najkrócej, bo długie podgrzewanie unicestwia antynowotworowy sulforafan.

Pieczarki słodko-kwaśne

z bryndzą i pietruszką

Mimo że Polska jest największym producentem pieczarek w Europie, nie wykorzystujemy ich często w kuchni. Może dlatego, że wydają się nam zbyt powszednie. Może dlatego, że nie pachną lasem i igliwiem. A może po prostu dlatego, że w czasach PRL-u były substytutem mięsa. Jadło się wtedy słynne zapiekanki z pieczarkami i bryzole doważane w restauracjach pieczarkami z cebulą. Ich największym wielbicielem w naszej rodzinie jest... mały Franek. Uwielbia „małe gjibki". Jeśli bowiem kupuję i przyrządzam pieczarki, staram się wybierać jak najmniejsze. Nie dość że smakują lepiej, to ładniej wyglądają na talerzu.

4 osoby
łatwe

500 g małych pieczarek, 1 łyżka masła, 2–3 łyżki octu balsamicznego, 1 spora łyżka miodu, natka pietruszki, 50–70 g bryndzy

Minipieczarki myjemy, osuszamy ręcznikiem papierowym (nie obieramy, nie odcinamy korzonka).

Na patelni rozgrzewamy masło, wrzucamy grzyby i smażymy na średnim ogniu 5 minut, co chwilę potrząsając patelnią. Gdy lekko zbrązowieją i zaczną pachnieć, delikatnie solimy, dodajemy ocet balsamiczny i miód. Smażymy do momentu, aż słodko-kwaśny sos oblepi pieczarki. Wtedy zdejmujemy je z ognia, układamy na talerzu, posypujemy natką i pokruszoną bryndzą.

Jak kupować pieczarki?

Polska jest liderem w produkcji pieczarek w Europie. Co czwarta pieczarka wyhodowana na Starym Kontynencie pochodzi z naszego kraju. Pieczarki rosną też w naturze – na łąkach i polach. Grzyby te możemy przechowywać w lodówce przez kilka dni. W przypadku odmiany białej będzie to maksymalnie 4 dni, brązowej – 6. Aby jednak zbyt szybko się nie zepsuły, należy usunąć zabrudzenia z podstawy trzonu. Do oczyszczenia najlepiej posłuży niewielka szczoteczka lub papierowy ręcznik. Należy pilnować, aby temperatura przechowywania nie przekraczała 2°C, dlatego najbezpieczniej pozostawić pieczarki na najniższej półce lodówki. Mniejsze pieczarki są smaczniejsze, bardziej jędrne i aromatyczne niż duże. Świeże mają mocny kapelusz, napiętą skórkę, nie są poobijane. Im bielsze, tym świeższe. W sklepach pojawiają się także pieczarki brązowe – bardziej aromatyczne i wyrazistsze w smaku niż białe.

Grzanki z kaszanką

i figami

Warszawska kicha naszpikowana czerwonką albo, przepraszam za wyrażenie, ale naprawdę tak się ją w stolicy nazywa, fiut warszawski z kaszą manną, śląski krupniok, żymlok, bułczanka, łódzkie czarne, w innych regionach – kiszka, kaszok, kiełbasa dla ubogich. Sława naszego „czarnego kawioru", czyli kaszanki, obejmuje całą Polskę. Najlepiej smakuje, gdy jest świeża i wykonana tradycyjnie. Krew, podroby i skrawki mięsa powinny mieszać się w niej z kaszą gryczaną, manną lub jęczmienną, albo po prostu z bułką. Znakomita jest z pieca, z grilla, ale świetnie smakuje też wykwintnie podana, np. z suszonymi pomidorami, figami czy marynowaną słodko-kwaśną gruszką.

8 osób
łatwe

2 kawałki świeżej kaszanki dobrej jakości, 1/2 bagietki pełnoziarnistej, 4 świeże lub suszone figi (mogą też być morele), 2 średnie cebule, 1 łyżka oleju rzepakowego, 100 g serka naturalnego do smarowania pieczywa, kilka gałązek kolendry lub natki pietruszki, kilka gałązek szczypiorku

Figi suszone moczymy przez godzinę w wodzie. Lekko napęczniałe wyjmujemy i kroimy w plasterki. Bagietkę kroimy w kromki o grubości 1,5 centymetra i podpiekamy w tosterze lub piekarniku, by nabrały chrupkości i rumieńców. Cebulę obieramy, kroimy w jak najdrobniejszą kostkę, podsmażamy na łyżce oleju na patelni, aż będzie złota. Kaszankę wyjmujemy z flaka, wrzucamy na patelnię z cebulą, podsmażamy na chrupko. Wkładamy rękawiczki jednorazowe i formujemy kaszankę w drobne kulki (nadmiar tłuszczu lekko odciskamy). Na każdej grzance kładziemy porcję kaszanki, lekko ją dociskając. Dekorujemy świeżymi lub suszonymi figami, serem i ziołami. Możemy każdą grzankę przewiązać kokardką ze sparzonego szczypiorku.

Jak kupować kaszankę?

Dobra kaszanka na pierwszym miejscu w składzie będzie miała podroby albo mięso wieprzowe, a nie wodę czy kaszę. Powinna też zawierać naturalne przyprawy: cebulę, pieprz, majeranek, bez chemicznych wzmacniaczy smaku i zapachu, bez konserwantów. O jej świeżości świadczy przyjemny zapach. Do wysokiej jakości wyrobu producenci dają osłonki z prawdziwych jelit, a nie z plastiku.

Pierogi –
koronkowa robota po polsku

Znane są w wielu kuchniach świata: litewskiej, słowackiej, ukraińskiej, rosyjskiej, włoskiej (ravioli czy tortellini), chińskiej (wonton, dim sum), gruzińskiej (chinkali). Jednak to kuchnia polska z nich słynie. Jemy je na wiele sposobów: na słono i na słodko, z farszem mięsnym, wegetariańskim, serowym, owocowym. Według legendy do Polski trafiły z Chin przez Ruś w XII wieku. Św. Jacek Odrowąż, dominikanin i kaznodzieja, zachwycił się ich smakiem w czasie pobytu w Kijowie i przywiózł je do Polski.

Kiedyś nie były daniem codziennym, przygotowywano je na specjalne okazje, np. kurniki z farszem drobiowym na wesela, knysze z kapustą, kaszą i grzybami – na stypy. W czasach PRL-u stały się nieodłącznym elementem niemal każdej niedzieli. Pamiętam, że moi rodzice często przygotowywali w sobotę rosół, potem w niedzielę z warzyw z rosołu, gotowanych ziemniaków i jajek na twardo tata robił sałatkę jarzynową, a gotowane mięso mama wykorzystywała na pierogi. Najsmaczniejsze były w poniedziałek, odgrzewane na patelni, chrupkie i pikantne. Pałaszowałam je wraz z zupą pomidorową przyrządzoną na bazie sobotniego rosołu. Po upadku komunizmu pierogi przestały mnie obchodzić. Owszem, robiłam je parę razy, ale bez entuzjazmu. Kojarzyły mi się z daniem chłopskim, ciężkim i tłustym. Ot, nudne mączne kluchy, z niskiej jakości nadzieniem, przykryte warstwą

smażonej cebuli, skwarek i boczku. Zresztą fascynowała mnie wtedy kuchnia francuska, trudna i wymagająca, moja rodzina przepadała za szybkimi i nieskomplikowanymi daniami włoskimi, potem gotowałam modne dania chińskie, meksykańskie, nauczyłam się robić sushi.

O pierogach przypomniałam sobie gdzieś dziesięć lat temu, gdy mieszkaliśmy z rodziną pod Waszyngtonem. Wszyscy amerykańscy sąsiedzi o nie pytali, ale skrzętnie unikałam tego – jak mi się wtedy wydawało – trudnego kulinarnie i pracochłonnego tematu. Do czasu. Pewnego dnia mój mąż – wtedy korespondent „Gazety Wyborczej" w Stanach Zjednoczonych – przyszedł i oznajmił, że zaprosił do nas na kolację pana profesora Zbigniewa Brzezińskiego z małżonką na… pierogi ruskie. Pan profesor jest ich wielkim wielbicielem, a w Waszyngtonie nie było wtedy ani jednej porządnej polskiej restauracji. Wpadłam w popłoch. W życiu nie robiłam ruskich, jeśli już to pierogi z mięsem. Najpierw dopracowałam ciasto. Jak mawia się w Warszawie, są dwie szkoły: otwocka i falenicka, czyli ciasto z dodatkiem jajek i to bezjajeczne. Wybrałam to drugie. Pozostała kwestia farszu, który szlifowałam chyba pół dnia i dziś mogę śmiało powiedzieć: w pierogach ważne jest ciasto, które powinno być cienkie i delikatne, ale jeszcze ważniejszy jest farsz. Musi być wyrazisty, bardzo dobrze doprawiony. Jeśli nie nadamy mu charakteru, pierogi będą smakowały jak mąka wymoczona w wodzie. Zatem mięsne potrzebują przypraw, ruskie – dużej ilości smażonej cebuli i sera, te z kapustą i grzybami – smacznych grzybów i cebuli. Kolacja, którą wydaliśmy na cześć pana profesora i jego małżonki, była udana. Pamiętam, że na stole pojawiło się wiele polskich potraw (także chłodnik, pasztet, gołąbki, makowiec), gotowałam wtedy dwa pełne dni. Dziś jestem mistrzynią lepienia pierogów. Potrafię zrobić je bardzo szybko, niemal w każdym kolorze, z niemal każdym nadzieniem i sosem, bo wolę podawać je z żurawiną, pesto z zielonej pietruszki czy jogurtem czosnkowym niż z tłustą klasyczną okrasą. Zapraszam więc na moją pierogową ucztę!

Pierogi z kaczką i sosem żurawinowym

przystawka dla 8 osób lub danie główne dla 4
średnio trudne

2 średnie cebule, 1 łyżka oleju rzepakowego, 1 jabłko, 1 szklanka żurawiny świeżej lub mrożonej, 2–3 łyżki cukru lub miodu, 200 g pieczonego mięsa z kaczki (może też być wieprzowina), 1/2 łyżeczki majeranku, sól, pieprz, 500 g mąki, ok. 1/2 szklanki gorącej wody, 4 łyżki oliwy, sól

Cebulę obieramy, kroimy w kostkę, podsmażamy na oleju, aż będzie rumiana. Jabłko obieramy, usuwamy gniazdo nasienne, kroimy w kostkę, dorzucamy do cebuli, podsmażamy razem kilka minut, by zmiękło.

Żurawinę wrzucamy do rondla, dodajemy 1/4 szklanki wody, zagotowujemy. Łagodzimy kwaśny smak cukrem lub miodem, gotujemy jeszcze przez 5 minut. Zdejmujemy z ognia i po 15 minutach, gdy trochę przestygnie, miksujemy na gładki sos.

Mięso z pieczonej kaczki (mogą być obrzynki pozostałe z obiadu, ewentualnie mięso wieprzowe z pieczeni), cebulę i jabłko przepuszczamy przez maszynkę do mięsa, doprawiamy solą, pieprzem i majerankiem. Farsz powinien być wyrazisty w smaku.

Mąkę przesiewamy przez sito, robimy dołek w kopczyku i wlewamy do niego 1/2 szklanki bardzo gorącej wody. Mieszamy wodę z mąką i powoli dolewamy oliwę, stale zagniatając. Ciasto powinno być elastyczne i miękkie. Jeśli jest zbyt zbite, warto dodać jeszcze trochę wody. Rozwałkowujemy je, wykrawamy szklanką kółka. Na każdym kółku z ciasta umieszczamy mniej więcej 1/2 łyżki farszu. Zaklejamy pierogi i gotujemy we wrzącej, osolonej wodzie (ok. 1 minuty od chwili wypłynięcia). Podajemy z sosem żurawinowym.

Zielone pierogi ruskie

przystawka dla 8 osób lub danie główne dla 4
średnio trudne

3 duże cebule, 1 łyżka oleju rzepakowego, 200 g półtłustego twarogu, 2 średnie ugotowane i wystudzone ziemniaki, 3 garści świeżego szpinaku, 1/2 szklanki jogurtu naturalnego typu greckiego, 1 duży ząbek czosnku, szczypta cukru, 1 łyżka drobno posiekanego szczypiorku, 500 g mąki, ok. 1/3 szklanki gorącej wody, 4 łyżki oliwy, sól

Cebulę obieramy, kroimy w kostkę, podsmażamy na patelni na oleju, aż się zrumieni. Studzimy i przepuszczamy przez maszynkę do mielenia mięsa razem z twarogiem i gotowanymi ziemniakami. Szpinak płuczemy, zalewamy wrzątkiem, czekamy 30 sekund i odsączamy. Wrzucamy do blendera kielichowego, dodajemy 1/2 szklanki wrzątku i mielimy na gładką masę (lub przekładamy do wysokiego naczynia i rozdrabniamy blenderem ręcznym).

Jogurt mieszamy z przeciśniętym przez praskę czosnkiem, łagodzimy kwaśny smak szczyptą cukru, dodajemy szczypiorek, mieszamy.

Mąkę przesiewamy przez sito, w kopczyku robimy dołek i wlewamy do niego 1/3 szklanki gorącej wody oraz masę szpinakową, mieszamy ją z mąką i powoli dolewamy oliwę, stale zagniatając. Ciasto powinno być elastyczne i miękkie. Jeśli jest zbyt zbite, dolewamy jeszcze trochę wody. Rozwałkowujemy je. Szklanką wykrawamy kółka, na każdym umieszczamy mniej więcej 1/2 łyżki farszu. Zaklejamy pierogi i gotujemy we wrzącej, osolonej wodzie (ok. 1 minuty od chwili wypłynięcia). Podajemy z sosem czosnkowym.

Żółte pierogi ze śliwką i grzybami

przystawka dla 8 osób lub danie główne dla 4
średnio trudne

2 duże cebule, 1 łyżka oleju rzepakowego, garść suszonych grzybów (borowików lub podgrzybków), garść suszonych śliwek, 200 g serka naturalnego do smarowania pieczywa, 1/2 pęczka natki pietruszki, 3 łyżki masła, sól, 500 g mąki, ok. 1/2 szklanki gorącej wody, 4 łyżki oliwy, 1/2 łyżki kurkumy suszonej lub 1 łyżka świeżej tartej

Cebulę obieramy, kroimy w kostkę, podsmażamy na patelni na oleju, aż się zrumieni. Studzimy. Grzyby zalewamy w garnuszku wrzątkiem, gotujemy do miękkości ok. 25 minut. Pod koniec gotowania dodajemy suszone śliwki. Studzimy i odsączamy. Przepuszczamy masę grzybowo-śliwkową przez maszynkę, dorzucamy podsmażoną cebulę i serek naturalny, mieszamy.

Natkę pietruszki drobniutko siekamy, wrzucamy na rozgrzane masło, mocno podgrzewamy i delikatnie solimy.

Mąkę przesiewamy przez sito, dodajemy świeżą kurkumę startą na tarce na najmniejszych oczkach (lub sproszkowaną suszoną), robimy w kopczyku dołek i wlewamy do niego 1/2 szklanki bardzo gorącej wody, mieszamy ją z mąką i powoli dolewamy oliwę, stale zagniatając. Ciasto powinno być elastyczne i miękkie. Jeśli jest zbyt zbite, dolewamy jeszcze trochę wody. Jeżeli ma bladożółty kolor, dodajemy więcej kurkumy. Rozwałkowujemy je. Szklanką wykrawamy kółka, na każdym umieszczamy mniej więcej 1/2 łyżki farszu. Zaklejamy pierogi i gotujemy we wrzącej, osolonej wodzie (ok. 1 minuty od chwili wypłynięcia). Podajemy z lekko podgrzanym pesto pietruszkowym.

Czerwone pierogi z kozim serem i kurczakiem

przystawka dla 8 osób lub danie główne dla 4
średnio trudne

1 duża czerwona cebula, 1 łyżka oleju rzepakowego, 100 g kurczaka pieczonego, 100 g białego sera koziego, pieprz, 1/2 pęczka świeżej kolendry lub natki pietruszki, 3 łyżki masła, 1 duży ząbek czosnku, 500 g mąki pszennej, ok. 1/2 szklanki gorącej wody, 2 łyżki koncentratu soku z buraków o dobrym składzie (bez wzmacniaczy smaku), 4 łyżki oliwy, sól

Cebulę obieramy, bardzo drobno kroimy, parzymy (przelewamy wrzątkiem na sicie). Kurczaka siekamy jak najdrobniej, mieszamy z cebulą, dodajemy kozi ser, doprawiamy pieprzem. Jeśli masa będzie za sucha, dodajemy łyżeczkę oliwy, na koniec wrzucamy drobno posiekaną kolendrę lub pietruszkę.

Masło rozpuszczamy w rondelku, dodajemy drobno posiekany czosnek, zagotowujemy i od razu zdejmujemy z patelni, by czosnek się nie przypalił.

Mąkę przesiewamy przez sito, robimy w kopczyku dołek i wlewamy do niego 1/2 szklanki bardzo gorącej wody oraz koncentrat buraczany, mieszamy je z mąką i powoli dolewamy oliwę, stale zagniatając. Ciasto powinno być elastyczne i miękkie. Jeśli jest zbyt zbite, dolewamy jeszcze trochę wody. Rozwałkowujemy je. Szklanką wykrawamy kółka, na każdym umieszczamy mniej więcej 1/2 łyżki farszu. Zaklejamy pierogi i gotujemy we wrzącej, osolonej wodzie (ok. 1 minuty od chwili wypłynięcia). Podajemy z ciepłym masłem czosnkowym.

Piegowate pierogi z kapustą i grzybami

przystawka dla 8 osób lub danie główne dla 4
średnio trudne

2 łyżki maku, spora garść suszonych grzybów (prawdziwków lub podgrzybków), 1 naprawdę duża cebula, 1 łyżka oleju rzepakowego, 1 szklanka dobrej jakościowo kapusty kiszonej, 1 łyżka masła, 500 g mąki, ok. 1/2 szklanki gorącej wody, 4 łyżki oliwy, sól, pieprz

Mak zalewamy wodą, doprowadzamy do wrzenia, gotujemy ok. 5 minut. Odstawiamy na kilka godzin, by napęczniał i zmiękł.

Grzyby zalewamy niewielką ilością wrzątku, odstawiamy na 30 minut, by zmiękły i wchłonęły wodę. Cebulę obieramy, kroimy jak najdrobniej, podsmażamy na patelni na łyżce oleju. Kiedy się zrumieni, dorzucamy pokrojone drobniutko grzyby i podsmażamy 5–10 minut, dolewając, jeśli trzeba, wody pozostałej z moczenia grzybów.

Kapustę odcedzamy mocno i drobno szatkujemy. W rondelku rozgrzewamy łyżeczkę masła. Wrzucamy kapustę i gotujemy do miękkości 20–30 minut, podlewając odsączonym sokiem kapuścianym. Gdy będzie miękka, dodajemy do niej grzyby i cebulę, sól, pieprz, mieszamy, studzimy, a potem bardzo drobno szatkujemy farsz (lub przepuszczamy przez maszynkę do mielenia mięsa o jak najgrubszych oczkach).

Mąkę przesiewamy przez sito, dodajemy mak, robimy w kopczyku dołek i wlewamy do niego 1/2 szklanki bardzo gorącej wody, mieszamy ją z mąką i powoli dolewamy oliwę, stale zagniatając. Ciasto powinno być elastyczne i miękkie. Jeśli jest zbyt zbite, dolewamy jeszcze trochę wody. Rozwałkowujemy je. Szklanką wykrawamy kółka, na każdym umieszczamy mniej więcej 1/2 łyżki farszu. Zaklejamy pierogi i gotujemy we wrzącej, osolonej wodzie (ok. 1 minuty od chwili wypłynięcia).

Pierogi z białym serkiem, szczypiorkiem i półpłynnym żółtkiem

Potrawa, która budzi zachwyt. Można podać ją na przystawkę lub jako danie główne na lekki, wiosenno-letni lunch. Wymaga cierpliwości i czasu, ale naprawdę warto się z nią zmierzyć. Zielone szparagi pokryte dużym pierogiem, po rozkrojeniu którego z wnętrza wypływa półpłynne żółtko. Bezcenne.

4 osoby
bardzo trudne

500 g mąki, 1/2 pęczka szczypiorku, ok. 1/2 szklanki gorącej wody, 4 łyżki oliwy, 200 g serka naturalnego do smarowania pieczywa, szczypta gałki muszkatołowej, 4 jajka, 1 pęczek zielonych szparagów, 1 łyżka masła, 1 łyżka oliwy truflowej, świeżo zmielony pieprz, sól

Mąkę przesiewamy przez sito, dodajemy drobno posiekany szczypiorek, robimy w kopczyku dołek i wlewamy do niego 1/2 szklanki bardzo gorącej wody, mieszamy ją z mąką i powoli dolewamy oliwę, stale zagniatając. Ciasto powinno być elastyczne i miękkie. Jeśli jest zbyt zbite, dolewamy jeszcze trochę wody. Rozwałkowujemy je, wykrawamy 4 koła o średnicy ok. 20 cm, np. za pomocą małego rondelka. Na jednej połówce koła kładziemy łyżkę serka naturalnego, robimy w nim dołek, oprószamy gałką muszkatołową. Jajka wyjmujemy z lodówki. Oddzielamy żółtka od białek, starając się nie uszkodzić naturalnej osłonki żółtka, by się nie rozlało. Bardzo ostrożnie przenosimy żółtko na dłoni i układamy w „gniazdku" z sera. Delikatnie zaklejamy pierogi. Gotujemy je na niewielkim ogniu we wrzącej, osolonej wodzie półtorej minuty od wypłynięcia i ostrożnie wyjmujemy.

Cienkie zielone szparagi nie wymagają obierania – odłamujemy tylko zdrewniałe końcówki. Jeśli szparagi są grube, lepiej je obrać (bez główek) obieraczką do warzyw. Na patelni rozgrzewamy odrobinę masła, wrzucamy szparagi. Podgrzewamy je na średnim ogniu ok. 5 minut, wstrząsając patelnią. Zalewamy kilkoma łyżkami wody, przykrywamy patelnię pokrywką i gotujemy warzywa do miękkości ok. 5 minut.

Na talerzu układamy szparagi, na nich pierogi, polewamy odrobiną oliwy truflowej i posypujemy świeżo zmielonym pieprzem.

Francuzi na pierwsze danie jedzą zieloną sałatę, Włosi oczywiście makaron, a my, Polacy, swoją zupę mamy. Jeśli ugotować ją na warzywach, chudym mięsie, bez śmietany kremówki, mąki i tłuszczu, będzie to najzdrowsze pierwsze danie na świecie. Polska słynie z zup. Takiej ich różnorodności nie ma nigdzie indziej. To jest zresztą konkurencja, w której jesteśmy najlepsi. Rekord świata w ilości spożywanej zupy należy do nas. Statystyczny Polak zjada jej aż 103 litry rocznie! To mniej więcej talerz dziennie i bardzo dobrze, bo zupa to szybkie, pożywne i praktyczne danie. Może stać w lodówce wiele dni, a kapuśniak, żurek czy barszcz czerwony na drugi dzień smakują nawet lepiej. Rozgrzewa nasz organizm zimą, chłodzi latem (nie zapominajmy o chłodnikach i zupach owocowych!). Słowem, oddam wszystko za zupę.

ZUPA
NASZA DUMA NARODOWA!

Zupa może być potrawą jednogarnkową, jeśli znajdą się w niej węglowodany złożone: makaron pełnoziarnisty, kasza czy brązowy ryż, oraz białko – sztuka chudego mięsa, jajko na twardo. Mamy wtedy pełnowartościowy, lekkostrawny i niezbyt kaloryczny obiad.

Jeśli będzie podana jako klasyczne pierwsze danie, to dzięki niej nie objemy się aż tak bardzo schabowym czy gołąbkami serwowanymi na drugie. W zupie znajdziemy też solidną porcję warzyw, co ważne zwłaszcza dla tych, którzy zieleniną gardzą (choćby dzieci). Warzywa dostarczą nam błonnika, który reguluje pracę jelit, działa wyszczuplająco i przeciwnowotworowo.

Wiele mówi się o jedzeniu warzyw na surowo – święta racja. Takie zupy też mamy, to choćby chłodnik, gdzie ogórki, rzodkiewki, koperek i szczypiorek zjadamy zupełnie nieprzetworzone.

W naszym domu zupa była od zawsze. Mistrzem niedzielnego rosołu był mój tata, który świetnie gotował także żurek i kapuśniak. Mama robiła najlepszą ogórkową. Dziś w naszym domu pełnym dzieci nie wyobrażam sobie obiadu bez zupy. Moja rodzina pokochała szybkie zupy kremy, które serwuję niemal codziennie. Wystarczy pół godziny, trochę warzyw, dobry blender kielichowy, szczypta wyobraźni i pyszna zupa gotowa!

Chłodnik na botwinie

z jajkiem przepiórczym

8 osób
średnio trudne

16 jajek przepiórczych, 1 pęczek młodej botwiny z buraczkami, 2 średnie ogórki, 1 pęczek szczypiorku, 1 pęczek koperku, 1 pęczek rzodkiewek, 1 l jogurtu greckiego, 1 l maślanki, sól, szczypta cukru, 2 łyżki soku z cytryny

Moja ukochana letnia zupa. Chłodzi, orzeźwia, kusi kolorem. Uparłam się, by podawano ją na wiosenno-letnich rautach w ambasadzie RP w Ottawie. Nie było to proste zadanie, bo zupy nigdy nie są łatwe w obsłudze, zwłaszcza na przyjęciach dla pięciuset osób. Jednak Grażyna Łebkowska, utalentowana szefowa kuchni współpracująca z naszą ambasadą, nie tylko zrobiła bardzo smaczne orzeźwiające danie, ale także wymyśliła świetną formę jego podania. Różowy płyn pachnący koprem i ogórkami pięknie prezentował się w kieliszkach do martini. Zebraliśmy potem wiele pochwał.

Pamiętam też, jak profesor Zbigniew Brzeziński, jedząc chłodnik w naszym domu w Waszyngtonie, miał łzy w oczach, gdy wspominaliśmy frazy z Pana Tadeusza: „Podano w kolei wódkę, zaczem wszyscy siedli i chołodziec litewski milczkiem żwawo jedli". Owszem, doceniam intensywny smak gazpacho – hiszpańskiej zupy na upały, lubię bułgarską ogórkowo-czosnkową wariację na temat tzatzików, jednak dla mnie polski chłodnik to najlepsza i najzdrowsza zimna zupa na świecie. Ba, jestem w stanie to udowodnić. Na zimno.

Polski chłodnik to przede wszystkim porcja zdrowego nabiału: jogurtu, kefiru lub maślanki. Na Litwie sprzedaje się specjalny kefir do chłodnika z 7-procentową zawartością tłuszczu, po czym miesza się go ze śmietaną „osiemnastką". Do mojego chłodnika śmietany nie dolewam, wrzucam za to dużo pokrojonych w kostkę lub tartych warzyw: buraków, ogórków, rzodkiewek, do tego koper i szczypior. Chłodnik byłby niepełny bez jajek, nad których zdrowotnością nie ma się nawet co rozwodzić, bo przecież jako potencjalne źródło nowego życia muszą mieć w sobie wszystko, co najważniejsze do przetrwania. Można wzorem litewskim dodać do niego szyjki rakowe lub, jeśli nie sposób ich kupić, małe krewetki i podać z ziemniakami. Można też postawić na mięso – kurczaka, cielęcinę czy nawet pokrojoną w paseczki dobrą jakościowo szynkę. W 100-gramowej porcji chłodnika na jogurcie z pokruszonym jajkiem mamy tylko niecałe 50 kcal, ale za to ile zdrowia i chłodnej przyjemności! I jak tu nie kochać tego zimnego drania?

Jajka gotujemy na twardo – 5 minut. Chłodzimy, obieramy, wstawiamy do lodówki. Buraki i botwinkę myjemy. Buraki obieramy, kroimy w ćwiartki i gotujemy w niewielkiej ilości wody do miękkości (młodym burakom wystarczy ok. 30 minut), 6–7 minut przed końcem gotowania dorzucamy pokrojone w drobną kostkę łodyżki botwiny, 3 minuty przed końcem pokrojone w paseczki botwinowe liście. Chodzi o to, by liście i łodyżki zachowały jędrność. Wszystko chłodzimy.

Ogórki obieramy, kroimy w drobniutką kostkę lub ścieramy na tarce na średnich oczkach. Szczypior i koperek drobno siekamy. Rzodkiewki myjemy, kroimy w drobną kostkę lub ścieramy na tarce. Jogurt mieszamy z maślanką, wrzucamy warzywa, szczypiorek i koperek, dolewamy wywar z buraków z pokrojonymi liśćmi botwinki. Buraczki ścieramy na tarce lub kroimy w bardzo drobną kostkę. Mieszamy wszystko i doprawiamy: solą, cukrem, sokiem z cytryny. Podajemy z jajkiem przepiórczym.

Jak kupować jogurt?

Jogurt to po prostu mleko i bakterie. Wybrane szczepy pod wpływem odpowiedniej temperatury powodują fermentację i wytworzenie jogurtu. Tymczasem w sklepach mamy całą masę produktów z dziwnymi składnikami: mlekiem w proszku, białkami mleka, żelatyną. Pamiętajmy – jogurt nie powinien mieć żadnych dodatków.
Grecki od zwykłego różni się sposobem wytwarzania. Normalnie do mleka dodaje się bakterie, czeka, aż mleko lekko sfermentuje i dopiero rozlewa do kubeczków. Jogurt grecki jest rozlewany od razu i fermentacja zachodzi już w opakowaniu, które zostaje podgrzane do temperatury ok. 45°C. Dzięki temu jogurt jest bardziej kwaśny, co sprawia, że łatwiej wchłania się z niego wapń. Jest też znacznie gęstszy, więc lepiej sprawdza się jako dip lub sos do sałatki. Jogurt grecki ma zwykle więcej tłuszczu – od 7 do 12%, podczas gdy tradycyjny – ok. 3%. A co oznacza napis „Jogurt kremowy"? Owszem, pyszną zawartość, ale także więcej tłuszczu – od 6 do 10% i ponad dwa razy więcej kalorii niż zwykły jogurt naturalny, bo do mleka dodaje się śmietanę. Najwięcej cukru i innych dodatków mają jogurty smakowe – nie znajdziemy w nich świeżych owoców, ale tzw. wsady owocowe, które przypominają dżem lub syrop owocowy.

Chłodnik ogórkowy

z nutką mięty i malinami

Gdy na dworze upał, a w domu mamy miłośników zimnych zup, warto poeksperymentować z chłodnikami. Bardzo efektownie wygląda i świetnie smakuje chłodnik z ogórka. Nie klasyczny z czosnkiem i koperkiem, ale bardziej finezyjny z odświeżającą miętą. Podaję go w formie kremu i dekoruję świeżymi malinami. Świetnie sprawdza się też jako bezalkoholowy aperitif w gorący dzień.

8 osób
łatwe

4 średnie ogórki, 1 l jogurtu greckiego, 1 l maślanki, 2 ząbki czosnku, szczypta soli, szczypta cukru, kilka gałązek świeżej mięty, maliny

Ogórki bardzo dokładnie myjemy (można je wręcz wyszorować), nie obieramy, ale kroimy w dwucentymetrowe kawałki i wrzucamy do blendera kielichowego. Dodajemy jogurt, maślankę, obrane ząbki czosnku, sól i cukier dla złagodzenia kwaśności nabiału oraz ok. 10 listków mięty. Miksujemy wszystko na gładki krem. Próbujemy. Chłodnik powinien być wyraźnie ogórkowy z delikatnym posmakiem mięty. Jeśli mięty jest za mało, dodajemy jeszcze kilka listków i znów miksujemy. Podajemy udekorowany miętą i malinami.

Jak kupować maślankę?

Maślanka, jak sama nazwa wskazuje, to produkt uboczny powstający podczas ubijania masła, kiedy tłuszcz oddziela się od śmietanki. Warto ją pić, zwłaszcza przy kuracji antybiotykowej, bo bakterie zawarte w maślance lepiej działają na jelita niż kefirowe czy jogurtowe – florę jelitową odbudowują w ciągu 10 dni. Do maślanki podobnie jak do jogurtu producenci dosypują mleka w proszku, bo my, konsumenci, lubimy, gdy jest aksamitna i gęsta. Kupując jakiekolwiek produkty mleczne, warto zawsze sprawdzać datę przydatności do spożycia. Maślankę trzeba wypić do 24 godzin po otwarciu, bo traci smak i szybko „łapie" obce zapachy.

Chłodnik jagodowy

z uszkami na słodko

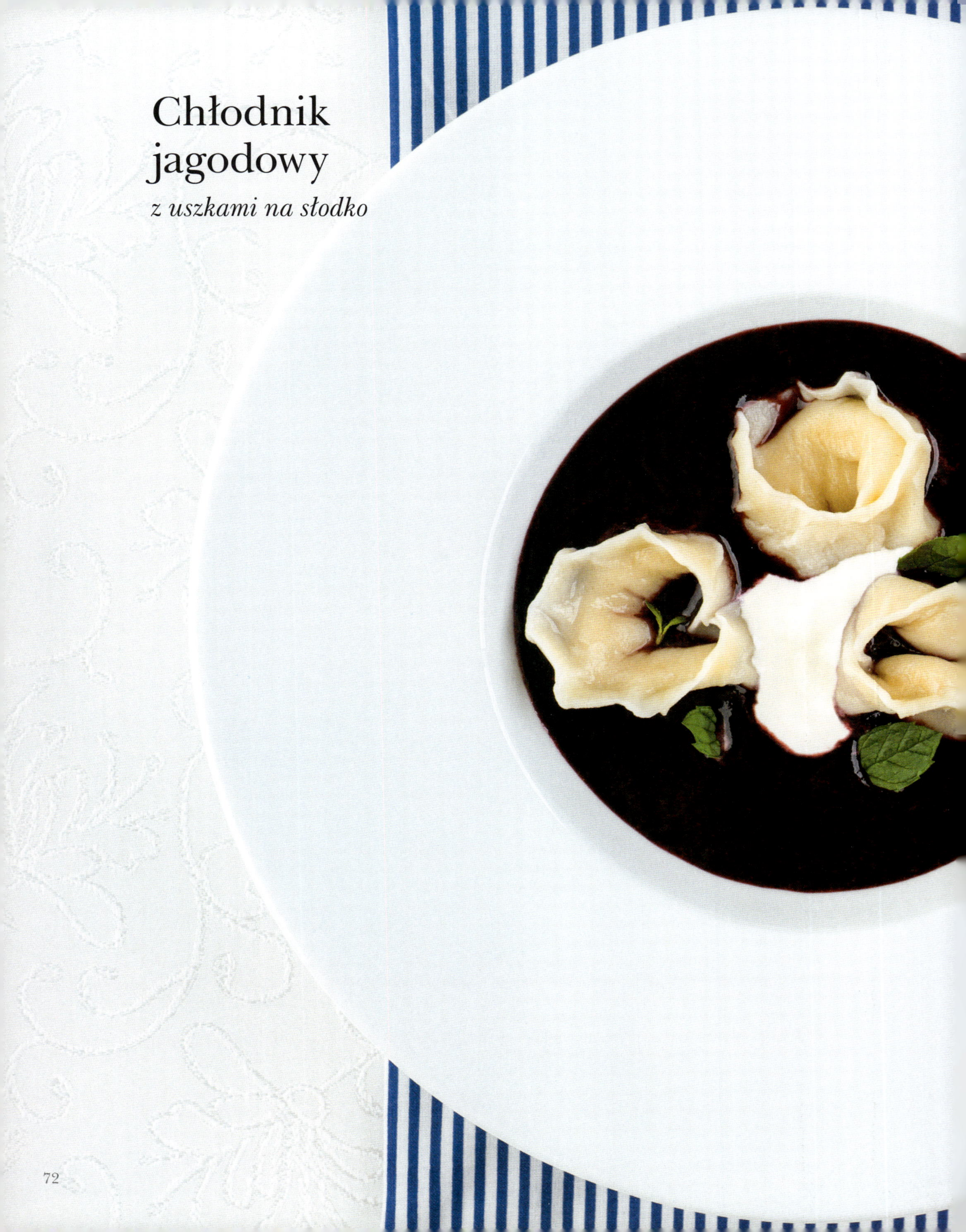

Może być podany jako zimna zupa (wtedy trzeba wsypać do niego mniej cukru) albo jako deser na upalne dni. Najpiękniej wygląda w głębokim talerzu z wystającymi z niego uszkami. Kolor ma znakomity, smak również, a kremowe słodkie uszka wprost rozpływają się w ustach. Taki chłodnik można też zrobić w wersji wiśniowej lub jeżynowej.

4 osoby
średnio trudne

500 g jagód, 9 łyżek cukru, kilka goździków, szczypta cynamonu, 1 łyżka soku z cytryny, 3 żółtka, 1 cukier waniliowy z prawdziwą wanilią lub 1/2 łyżeczki ekstraktu, 200 g serka naturalnego bez grudek, 500 g mąki, 1/2 szklanki gorącej wody, 4 łyżki oliwy, sól, 4 łyżki gęstej śmietany

Jagody myjemy, wrzucamy do garnka, zalewamy szklanką wody. Dodajemy 3 łyżki cukru, goździki, cynamon i gotujemy ok. 10 minut. Zupę miksujemy na gładki, dość gęsty krem jagodowy. Jeśli jest za kwaśna, dodajemy odrobinę cukru, jeśli za słodka i mdła – łyżkę soku z cytryny. Chłodzimy.

Żółtka ucieramy z 6 łyżkami cukru na gładką, puszystą masę, dodajemy cukier lub ekstrakt waniliowy, a następnie serek. Dokładnie mieszamy.

Mąkę przesiewamy przez sito, w kopczyku robimy dołek i wlewamy do niego 1/2 szklanki bardzo gorącej wody, mieszamy ją z mąką i powoli dolewamy oliwę, stale zagniatając. Ciasto powinno być elastyczne i miękkie. Jeśli jest zbyt zbite, dolewamy jeszcze trochę wody. Rozwałkowujemy. Szklanką lub kubkiem o dużej średnicy wykrawamy kółka. Na każdym umieszczamy łyżeczkę masy serowej. Zaklejamy jak pierogi, a potem sklejamy końce tak, by powstały duże uszka. Gotujemy je we wrzącej, osolonej wodzie ok. 1 minuty od wypłynięcia.

Na środku głębokiego talerza kładziemy łyżkę śmietany, na niej umieszczamy uszka tak, by wystawały ponad zupę, i zalewamy kremem jagodowym.

Krem z buraków *z porto*

Niezwykle wykwintna zupa krem o pięknym kolorze i głębokim smaku. W przeciwieństwie do chłodnika jest to zupa jesienno-zimowa, rozgrzewająca i dodająca energii. Można ją podawać także w czasie świąt Bożego Narodzenia, jeśli znudził nam się barszcz z uszkami.

Krem z buraków z porto był gwiazdą wigilijnego dodatku „Food" do poczytnej gazety „Ottawa Citizen". Znaną dziennikarkę kulinarną Laurę Robin trudno było namówić na spotkanie z ambasadorową, która chciała opowiedzieć jej o kuchni dalekiego kraju. Kogo w Kanadzie obchodzą polskie święta i potrawy wigilijne? Kto w kraju hamburgera i frytek polanych mięsnym sosem pragnie słuchać o maku, karpiu oraz pierogach z kapustą i grzybami? Jednak Olga Jabłońska z działu prasowego ambasady była uparta i, mówiąc kolokwialnie, ale i kulinarnie, tak długo nawijała Laurze Robin makaron na uszy, aż w końcu się udało. Polubiłyśmy się z Laurą od pierwszego wejrzenia – dwie kobiety mocno zakręcone na punkcie kulinariów. Po spędzeniu dwóch godzin przy suto zastawionym stole, opowiadaniu jej o polskim Bożym Narodzeniu, niesamowitych zwyczajach i potrawach wigilijnych, czyli tradycjach, jakich nie ma żaden kraj na świecie, o kuchni polskiej, która bardzo dynamicznie się zmienia i staje się coraz bardziej nowoczesna, Laura powiedziała: „Strasznie to wszystko ciekawe, daję ten materiał na Wigilię"! I rzeczywiście, po kilku tygodniach, w Wigilię dodatek o jedzeniu do największej gazety w Ottawie zdominowały polskie przepisy i opowieść o polskich świętach.

8 osób
łatwe

8 średnich buraków, 1 łyżka oleju rzepakowego, 4 szklanki soku jabłkowego, najlepiej mętnego, 2 łyżki masła, 1/2 szklanki śmietanki 18% (z kartonika), sól, pieprz, 1 spory kieliszek porto lub sherry, 8 łyżek kwaśnej śmietany, kilka kromek dobrej jakości chleba żytnio-pszennego na grzanki

Buraki szorujemy, smarujemy olejem i w brytfannie wstawiamy na 60–80 minut do piekarnika nagrzanego do temperatury [illegible]°C. Pieczemy, aż będą miękkie. Studzimy, kroimy, zalewamy sokiem jabłkowym i miksujemy. Dodajemy masło i słodką śmietankę, zagotowujemy. Doprawiamy solą i pieprzem, na koniec dodajemy kieliszek porto lub sherry. Podajemy z kleksem kwaśnej śmietany, a w okresie świątecznym – z grzankami w formie gwiazdek, wyciętymi foremką do pierników i podpieczonymi w tosterze lub na patelni.

Krem z białych warzyw

z płatkami migdałowymi

„Mamo, Goran powiedział, że tak dobrej zupy w życiu nie jadł i że musisz dać mu przepis!". To był prawdziwy komplement, bo nie dość że Goran to najlepszy kanadyjski kolega naszego najstarszego syna Jana, to jeszcze gotujący na co dzień miłośnik kulinariów. Na pomysł tej zupy wpadłam... porządkując lodówkę. Wyjęłam z niej kawałek selera, pół główki kalafiora, lekko wyschnięte pietruszki, dołożyłam ziemniaki i wyszła całkiem zgrabna zupa. Podczas gotowania zup kremów staram się nie używać rosołu. Po pierwsze rosół to dodatkowe kalorie, po drugie ma dość intensywny smak, a ja lubię jak kremy warzywne smakują warzywami.

8 osób
łatwe

1/2 szklanki płatków migdałowych, 2 duże ziemniaki, 2 pietruszki, 1/2 selera, 1/2 kalafiora, 1 kalarepa, 2 cebule, 2 łyżki masła, 1 szklanka słodkiej śmietanki 18% (z kartonika), sól, pieprz, szczypta gałki muszkatołowej

Płatki migdałowe wrzucamy na suchą patelnię, podprażamy, potrząsając od czasu do czasu patelnią, aż lekko zbrązowieją.

Ziemniaki, pietruszkę i seler obieramy, kroimy w ćwiartki, zalewamy wodą, by zakryć warzywa, i gotujemy. Umyty kalafior oraz oczyszczone i obrane cebule i kalarepę kroimy w grubą kostkę. Na patelni na łyżce masła podsmażamy cebulę, którą zdejmujemy, gdy się zezłoci. Dokładamy na patelnię łyżkę masła i wrzucamy kalafior (dobrze, żeby mocno się zrumienił, co da smak zupie) oraz kalarepę. Cebulę, kalafior i kalarepę dorzucamy do gotujących się pozostałych warzyw, dolewamy 2 szklanki wody. Gdy składniki będą miękkie, miksujemy zupę na gładki krem, doprawiamy szczyptą gałki muszkatołowej, solą i pieprzem. Wlewamy śmietankę, dokładnie mieszamy. Podajemy z prażonymi płatkami migdałowymi.

Jak kupować migdały?

Najlepiej w całości, ze skórką. W skórce jest sporo błonnika poprawiającego trawienie, a także witamin oraz składników mineralnych. Migdały obrane często poddawane są działaniu wysokiej temperatury, tracą więc wartości odżywcze. W dodatku w Stanach Zjednoczonych, skąd zwykle importuje się je do Polski, do obierania używa się chemikaliów, by było szybciej i łatwiej. Najlepiej więc gdy migdały są całe, ewentualnie w płatkach z pozostałą na nich skórką.

Kremowa ogórkowa

z wiosłem razowym

Zupa z kiszonych ogórków to numer dwa w naszym domu. Dzieci ją kochają i proszą o nią równie często, jak o pomidorową, a jest to i moja ukochana zupa z dzieciństwa. Ważnym jej składnikiem są dobrej jakości ogórki kiszone – jeśli są sparciałe i zbyt mocno ukiszone, ogórkowa nie będzie smaczna. Koniecznie trzeba dodać do niej słodką śmietankę, a nie kwaśną śmietanę, by zrównoważyć smak ogórków. W czasie studiów, gdy zdarzało mi się wracać z imprezy nad ranem, drzwi otwierała mi babcia Irena, która patrzyła na moje lekko podkrążone oczy i zawsze mówiła: „Oj, zrobię ci ogórkowej, na nogi cię postawi!".

8 osób
średnio trudne

5–6 średnich ogórków kiszonych, 1 łyżeczka masła, 8 skrzydełek lub 2 udka kurczaka, 3–4 listki laurowe, 3–4 ziarenka ziela angielskiego, 2 marchewki, 1 duża pietruszka, 1/2 średniego selera, 1 średni por, 3 spore ziemniaki, bochenek chleba razowego, garść świeżego koperku, 2–3 łyżki oleju rzepakowego, 2 ząbki czosnku, 3/4 szklanki słodkiej śmietanki 18%, sól, pieprz, cukier

Jeśli skóra ogórków jest twarda, można je obrać. Jeśli jest miękka, kroimy je w kostkę, wrzucamy do garnuszka i dusimy z łyżeczką masła ok. 20 minut, aż zmiękną. Odstawiamy.

Kurczaka myjemy, wrzucamy do garnka, zalewamy wodą, doprowadzamy do wrzenia. Gdy pojawi się piana, zdejmujemy garnek z ognia, wylewamy płyn, dokładnie myjemy i garnek, i kurczaka, wrzucamy mięso ponownie, zalewamy wodą tak, by je zakryła, dodajemy listek laurowy oraz ziele angielskie i stawiamy na ogniu. Warzywa myjemy, obieramy, kroimy w mniejsze kawałki, dorzucamy do kurczaka. Gotujemy ok. 1 godziny.

Chleb kroimy w kromki, potem każdą na pół. Koperek siekamy jak najdrobniej i mieszamy z olejem rzepakowym. Za pomocą pędzla smarujemy każdą kromkę po jednej i drugiej stronie i układamy na blasze. Podpiekamy 10–15 minut w piekarniku nagrzanym do 170°C, by wyszły nam chrupkie, długie grzanki.

Z zupy wyjmujemy kurczaka, por, seler, 1/2 pietruszki oraz 1 marchewkę. Zostawiamy wywar, ziemniaki, 1/2 pietruszki i 1 marchewkę. Dodajemy podduszone ogórki i ząbki czosnku oraz śmietankę i miksujemy na gładki krem. Doprawiamy solą i pieprzem. Jeśli zupa jest za kwaśna, dodajemy szczyptę cukru, jeśli za słodka i mało wyrazista – trochę kwaśnej zalewy z ogórków.

Krem ogórkowy podajemy udekorowany gałązkami koperku z grzankami razowymi.

Jak kupować ogórki kiszone?

Ogórki kwaszone powinny mieć ładny, ciemnozielony kolor i napiętą, lekko twardą skórkę. Jeśli są miękkie, sinozielone albo wręcz szare, nie nadają się do zjedzenia. Będą niesmaczne i kapciowate. Ogórki z beczki zwykle są bardzo słone i przekwaszone. Mało który sprzedawca wymienia też wodę w beczce; nie widać, ile dodano kopru i innych przypraw. Lepiej kupować ogórki kwaszone w słoikach – wtedy możemy przeczytać skład i zobaczyć, co pływa w środku. Mętny osad na dnie jest jak najbardziej wskazany i świadczy o naturalnej fermentacji.

Zupa krem

z karmelizowanego kalafiora

Kalafior łatwym warzywem nie jest. Pamiętam zupy kalafiorowe mojej mamy – na kurczaku, z dużą ilością koperku i młodych warzyw. Lekkie i mocno wiosenne. Kalafior jest delikatny, warto więc znaleźć sposób, by wzmocnić jego smak. Można na przykład skarmelizować go na maśle.

8 osób
łatwe

1/2 pęczka świeżego koperku, 7 łyżek masła, 1 duży kalafior, 3/4 szklanki śmietanki 18% (z kartonika), szczypta gałki muszkatołowej, sól, pieprz

Przygotowujemy masło koperkowe: 5 łyżek masła rozgrzewamy na maleńkim ogniu, dodajemy drobno posiekany koperek, solimy, studzimy.

Kalafior myjemy, odcinamy głąb, kroimy w plastry. Na patelni rozgrzewamy łyżkę masła, wrzucamy połowę kalafiora i podsmażamy na średnim ogniu, aż stanie się złotobrązowy. Zdejmujemy pierwszą partię, dodajemy kolejną łyżkę masła, podsmażamy drugą partię kalafiora. Przerzucamy do garnka, zalewamy 1 litrem wody i gotujemy 35–40 minut. Blendujemy na gładki krem, dodajemy śmietankę, doprawiamy solą, gałką, pieprzem.

Krem z kalafiora podajemy udekorowany listkami koperku i masłem koperkowym.

Jak kupować koperek?

Głównym atutem tego podstawowego zioła w kuchni polskiej jest aromat. Dobrze więc, żeby koperek był jak najświeższy, aromatyczny, nie zwiędnięty. Koperek suszony to pomyłka, jak dla mnie nie ma żadnych walorów kulinarnych, a dodatkowo jego twarde patyczki wchodzą w zęby. Już lepiej świeży koperek pociąć i zamrozić w szczelnym pudełku. Bardziej pachnący, wręcz anyżkowaty jest jego kwiat używany do kiszenia ogórków. Warto poeksperymentować z nim, przygotowując potrawy warzywne i rybne.

Krem z kurek

Czym byłoby polskie lato bez kurek. Tak jak nie ma dla mnie udanego lata bez pierogów z jagodami, tak nie ma bez potraw z kurkami. Jeśli w środku lasu dopadnie nas urodzaj na żółte kapelusze, można kurki spokojnie zamrozić. Można też zrobić z nich aromatyczną zupę.

8 osób
łatwe

700 g kurek, 2 cebule, 2 łyżki masła, 3/4 szklanki słodkiej śmietanki 18%, sól, pieprz, 1 pęczek koperku, 2 łyżki sera pleśniowego, najlepiej Lazura (opcjonalnie)

Kurki czyścimy, 20–25 sztuk tych najmniejszych odkładamy na bok do dekoracji. Cebulę obieramy, kroimy w grubą kostkę i podsmażamy na patelni na łyżce masła. Gdy się zeszkli, dorzucamy duże kurki, podsmażamy 5 minut, po czym przekładamy wszystko do garnka. Na patelnię wlewamy 1 l wody, by „zeskrobać" cały smak po smażonych grzybach. Wodę z patelni wlewamy do garnka. Gotujemy kurki do miękkości 20–25 minut. Miksujemy zupę na gładką masę, dodajemy śmietankę, sól, pieprz.

Na łyżce masła delikatnie podsmażamy odłożone maleńkie kurki. Gdy zmiękną, wrzucamy posiekany koperek.

Zupę podajemy udekorowaną podsmażonymi na maśle kurkami z koperkiem i ewentualnie posypujemy grudkami sera pleśniowego.

Jak kupować kurki?

Najlepiej oczywiście świeże. Powinny mieć jędrne kapelusze, niewyschnięte końcówki, intensywny kolor. Dobrze, żeby pachniały lasem. W supermarketach niestety często spotkać je można w dziale warzywnym, rzucone byle gdzie, obsychające w wyniku klimatyzacji i intensywnego sklepowego światła. Suche, wiórowate kurki nie są ani smaczne, ani zdrowe. Sprzedawcy powinni trzymać je raczej w chłodniach, wtedy dłużej zachowują świeżość i aromat.

Grzybowa

z nutą truflową i mleczną pianką

Nie ma jesieni bez dyni i grzybów. Europejczycy, a zwłaszcza Polacy, uwielbiają grzybobrania. W Stanach Zjednoczonych czy w Kanadzie grzybów jest co prawda w bród, ale mało kto je zbiera, no może poza Francuzami z Quebecu. Sama kocham chodzić na grzyby, znam się na nich jak nikt, lubię je tropić, obierać i suszyć, ale nigdy nie byłam fanką tych lekko oślizłych, duszonych z cebulą, podawanych z ziemniakami czy chlebem. Wolę je w zupie, w sosie, w pieczeni, w pierogach. Jeśli gotuję zupę grzybową, to nie wodę na dwóch grzybkach, tylko mocno aromatyczną, gęstą zupę krem pachnącą lasem.

8 osób
łatwe

2 cebule, 2 płaskie łyżki masła, 500 g pieczarek, najlepiej brązowych (są bardziej aromatyczne), 2 szklanki suszonych grzybów leśnych (najlepiej podgrzybków) lub 3–4 szklanki świeżych bądź mrożonych (w sklepach można też kupić koncentrat grzybowy, który składa się wyłącznie z grzybów pasteryzowanych i soli), 2 liście laurowe, 4 ziarenka ziela angielskiego, 3/4 szklanki śmietanki 18%, pieprz, sól, 1/2 pęczka świeżego koperku, 3 łyżki oliwy truflowej (oliwa smakowa aromatyzowana truflami czarnymi lub białymi), 1 szklanka mleka

Cebulę obieramy, kroimy w kostkę, szklimy na łyżce masła. Gdy się zrumieni, zdejmujemy ją z patelni, dodajemy drugą łyżkę masła i podsmażamy pokrojone w paski pieczarki. Grzyby najpierw puszczą wodę, a potem zaczną się przysmażać. Gdy się dobrze zarumienią, wyłączamy płomień. Do garnka wrzucamy cebulę, pieczarki i grzyby leśne. Te suszone trzeba 30 minut wcześniej namoczyć i wlać do garnka razem z wodą, w której się moczyły. Mrożone wrzucamy od razu. Świeże grzyby obieramy, dokładnie myjemy, kroimy w ćwiartki. Nalewamy wody tak, by zakryła grzyby, dorzucamy ziele angielskie i liście laurowe i gotujemy ok. 40 minut do miękkości. Zdejmujemy z ognia, dodajemy śmietankę, doprawiamy solą i pieprzem, wyjmujemy liście laurowe i miksujemy na gładki krem (może się okazać, że grzyby napęczniały, wtedy dodajemy więcej wody lub mleka).

Zupę podajemy udekorowaną gałązkami koperku i skropioną oliwą truflową. Można też zaserwować ją z mleczną pianką (taką jak w cappuccino) ze spienionego specjalnym urządzeniem mleka.

Jak kupować grzyby?

Prawo mówi jasno: do spożycia nadają się tylko grzyby z atestem. Jeśli sprzedawca go nie ma, kupujemy je na własne ryzyko, a przecież niektóre, owszem, są jadalne, ale tylko raz w życiu. Supermarkety i sprzedawcy w warzywniakach muszą mieć taki atest, gorzej z bazarami, a najgorzej ze sprzedażą przydrożną – tu, jeśli nie znamy się na grzybach, może nas czekać rosyjska ruletka, zwłaszcza gdy kupujemy grzyby mieszane. Atest wydaje sanepid w całym kraju, ważny jest 48 godzin.

Jeśli zbieramy grzyby sami, warto radzić się doświadczonych grzybiarzy, nie zrywać grzybów blaszkowatych (wśród nich jest znacznie więcej trujących) i nie kierować się ślepo zasadą: słodki grzyb, dobry grzyb, bo np. muchomor sromotnikowy pachnie miodem i jest słodki, a należy do śmiertelnie niebezpiecznych.

Bezpieczeństwo raz, świeżość dwa. Zdrowe, niespleśniałe, dorodne grzyby zbieramy tak, żeby nie uszkodzić grzybni.

Gdy kupujemy grzyby suszone, nie powinny być pokruszone, ale całe, najlepiej jednego gatunku, bo w mieszance nie wiemy, co znajdziemy w środku. Grzyby suszone często importujemy np. z Chin czy Ukrainy, ale nie są tak smaczne i aromatyczne jak nasze. Borowiki chińskie możemy poznać po intensywnie białym kolorze. Grzyby mrożone doskonale nadają się na zupy i sosy. Zwracajmy uwagę na ich wygląd (w 99% przypadków są w przeźroczystych opakowaniach). Nie powinny być zbite w kulę ani mocno zaśnieżone, bo świadczy to o ich niewłaściwym przechowywaniu.

Szparagowa
w dwóch kolorach

Nie ma wiosny bez zupy szparagowej. Lubię zarówno tę z białych, jak i z zielonych szparagów. Często nie mogę się zdecydować, która lepsza, więc... robię dwie i mieszam je na talerzu. Przybieram białymi i zielonymi główkami. Rety, jakie to pyszne!

8 osób
trudne

1 pęczek dorodnych białych szparagów, 1 pęczek dorodnych zielonych szparagów, 2 cebule, 2 łyżki masła, 1 jabłko, 1 średni ziemniak, 1/2 szklanki kwaśnej śmietany 18%, 1/2 szklanki słodkiej śmietanki 18%, gałka muszkatołowa, sól, pieprz, odrobina cukru

Cienkie zielone szparagi nie wymagają obierania. Wystarczy tylko odłamać im zdrewniałe końcówki. Jeśli są grube, lepiej podobnie jak białe obrać je (bez główek) obieraczką do warzyw. Główki odcinamy i odkładamy na bok, resztę szparagów kroimy w kilkucentymetrowe kawałki.

Cebulę obieramy i kroimy w grubą kostkę. Na patelni rozgrzewamy łyżkę masła, dodajemy cebulę, a gdy się zeszkli, połowę wrzucamy do jednego średniej wielkości garnka, połowę – do drugiego. Jabłko obieramy i usuwamy gniazdo nasienne, kroimy w ósemki. Ziemniaka obieramy, myjemy i kroimy w kostkę. Do jednego garnka wrzucamy ziemniaka i białe szparagi, do drugiego jabłko i zielone szparagi. Zalewamy wodą tak, by je zakryć, i gotujemy do miękkości ok. 20 minut. Zdejmujemy z ognia.

Do zupy białej dodajemy słodką śmietankę, sól, gałkę muszkatołową, szczyptę cukru i pieprz, mieszamy i miksujemy na gładki krem. Zieloną zupę solimy, dodajemy kwaśną śmietanę (najpierw do śmietany dolewamy 1/2 łyżki wazowej zupy, hartujemy ją i dopiero wlewamy do reszty wywaru szparagowego) i miksujemy.

Zielone i białe główki szparagów podsmażamy na patelni na łyżce masła, by zmiękły (ok. 5 minut). Obie zupy nalewamy ostrożnie do głębokiego talerza, używając dwóch łyżek wazowych lub dwóch dzbanków – w tym samym czasie, z dwu stron talerza tak, by utworzył się biało-zielony wzór. Dekorujemy podsmażonymi główkami szparagów.

Jak kupować śmietanę?

Na początku trzeba rozróżnić śmietanę (kwaśną) i śmietankę (słodką). Śmietanka (słodka) powstaje z górnej warstwy odwirowanego mleka pełnego. Z kolei śmietana (kwaśna) powstaje ze śmietanki w wyniku fermentacji mlekowej – staje się gęsta i kwaśna. Jeżeli zatem na opakowaniu znajdziemy napis: „śmietana", będziemy mieć do czynienia z produktem kwaśnym, świetnym do równoważenia smaku słodkich zup, sosów czy słodkich warzyw (szparagów, dyni, buraków). Uwaga, kwaśna śmietana warzy się w zupie, trzeba więc najpierw ją zahartować – dolać do niej trochę wywaru i dopiero wlać do zupy. Jeśli na opakowaniu napisano: „śmietanka", oznacza to, że wewnątrz jest słodka śmietanka, która będzie świetna do zup kwaśnych – ogórkowej, pomidorowej, kapuśniaku, szczawiowej. Słodka śmietanka nie warzy się w zupach czy sosach.
Wielu producentów do śmietan i śmietanek dodaje zagęstniki i wypełniacze (gumę guar, mączkę chleba świętojańskiego itp.). Na szczęście tych uczciwych, proponujących produkt bez dodatków, jest coraz więcej.

Szczawiowa
z jajem

Chyba najbardziej sezonowa – oprócz chłodnika – z polskich zup. Najsmaczniejsza latem, gdy mamy świeży i chrupiący szczaw. Gorzej wychodzi ze szczawiu z koncentratu, ze słoika. Tak to już jest z kuchnią nie tylko polską, że najbardziej smakują nam potrawy sezonowe, świeże, na które czasem czekamy cały rok. Gdy byłam mała, moja babcia Irena mawiała: „Jak jesz coś po raz pierwszy w tym roku, pociągnij się za ucho". Dziś ten zwyczaj kompletnie umarł, bo niektóre produkty – choćby truskawki czy pomidory – dostępne są w sklepach non stop. No, ale świeżego szczawiu w grudniu w supermarkecie nie uświadczysz, cieszmy się więc nim w sezonie, bo tak szybko odchodzi. I jedząc szczawiową z jajem, koniecznie pociągnijmy się za ucho!

8 osób
średnio trudne

8 skrzydełek lub 2 udka kurczaka, 2 marchewki, 1 pietruszka, 1 mały kawałek selera, 1 mały por, 3–4 ziarenka ziela angielskiego, 1/2 kg młodych, malutkich ziemniaków, garść świeżego koperku, 2 łyżki masła, 1 pęczek dymki ze szczypiorem, 4–5 garści świeżego szczawiu, sól, pieprz, szczypta gałki muszkatołowej, 3/4 szklanki słodkiej śmietanki 18%, 8 jajek, 1 łyżka octu spirytusowego (opcjonalnie)

Kurczaka myjemy, wrzucamy do garnka, zalewamy wodą, doprowadzamy do wrzenia. Gdy pojawi się piana, zdejmujemy z ognia, wylewamy płyn, dokładnie myjemy i garnek, i kurczaka, wrzucamy ponownie, zalewamy wodą tak, by zakryć mięso, dodajemy ziele angielskie, stawiamy na ogniu. Marchew, pietruszkę i seler myjemy i obieramy. Por myjemy. Warzywa kroimy na małe kawałki i dorzucamy do kurczaka. Gotujemy około godziny.

Młode ziemniaki szorujemy i gotujemy w osolonej wodzie do miękkości, posypujemy posiekanym koperkiem, dodajemy do nich płaską łyżkę masła.

Dymkę i szczaw myjemy, siekamy. Na patelni rozgrzewamy masło, wrzucamy na nie dymkę, a po 1–2 minutach szczaw. Podsmażamy ok. 5 minut. Szczaw i dymkę przekładamy do garnka, zalewamy rosołem z kurczaka, dodajemy słodką śmietankę, doprawiamy solą, pieprzem, gałką muszkatołową, miksujemy na gładką masę.

Jajka gotujemy na półtwardo (5 minut) lub w koszulkach: do garnka wlewamy niedużą ilość wody (10–12 cm od dna), dodajemy łyżkę octu spirytusowego i szczyptę soli; jajka wbijamy do osobnych miseczek; gdy woda zacznie wrzeć, robimy w niej łyżką wir i delikatnie upuszczamy jajko do wody z jak najmniejszej wysokości (zbliżając miskę jak najbardziej do powierzchni wody), by się nie rozlało; gotujemy 3–4 minuty, aż białko się zetnie, a żółtko będzie półpłynne.

W głębokim talerzu na środku układamy kopczyk z młodych ziemniaków, zalewamy kremem szczawiowym, a na wierzch kopczyka kładziemy jajko.

Jak kupować szczaw?

Najlepiej w sezonie, najlepiej ekologiczny. W szczawiu w słoiczkach zwykle pełno jest octu, konserwantów i... piachu, bo nie wszyscy producenci dokładnie go myją. Liście powinny być jędrne i niezwiędnięte. Lepszym rozwiązaniem od szczawiu słoiczkowego jest ten mrożony, ale i tak nigdy nie zastąpi świeżego. Najsmaczniejsze są młode, delikatne i niełykowate listki; ze starszych warto usunąć zwiotczałą łodygę.

Cappuccino

ze świeżych pomidorów

8 osób
łatwe

2 kg świeżych pomidorów, 2 łyżki oliwy, sól, pieprz, sok z cytryny, 1 łyżka cukru, 500 ml śmietanki kremówki, 1/2 pęczka natki pietruszki

Pomidorowa – ukochana zupa moich dzieci. Tylko ile można gotować tę samą zupę do wyboru z ryżem lub z kluskami. Długo myślałam, jak ją „odzwyczajnić", a tymczasem rozwiązanie podsunęła mi po prostu natura. Pomidory najsmaczniejsze, najbardziej pachnące, najdojrzalsze, ale też najtańsze, są w sezonie. Często na targowiskach takie lekko przejrzałe można kupić za bezcen. Nabyłam więc dwie siaty i zabrałam się za eksperymentowanie. Zupa, którą wymyśliłam, zniknęła z talerzy w mig, a mąż poprosił o dokładkę. Takie pomidorowe cappuccino jest superłatwe, można je robić także zimą z dostępnych w sklepach pomidorów z puszki (bez dodatków). W wersji domowej darowałam sobie przecieranie przez sito w celu odrzucenia pestek. Na bardziej eleganckie spotkania pozbycie się pestek jest jednak wskazane. Zamiast kakao oprószymy nasze cappuccino „pudrem" z natki pietruszki.

Pomidory zalewamy wrzątkiem, zostawiamy na kilka minut i płuczemy w zimnej wodzie. Obieramy ze skórki, kroimy w grubą kostkę, wrzucamy do garnka, dodajemy oliwę i gotujemy 10–15 minut. Zdejmujemy z ognia, miksujemy na gładką masę. Doprawiamy solą, pieprzem, cukrem i jeśli pomidory są niezbyt kwaśne – sokiem z cytryny. Baza pomidorowa powinna być kwaśna, by kontrastowała ze słodką śmietanką.

Natkę kroimy najdrobniej, jak się da. Kremówkę lekko solimy do smaku i ubijamy do momentu, aż będzie przypominać mleczną piankę w kawie cappuccino (nie na sztywno, by nie była zbyt ciężka i deserowa). Zupę podajemy w filiżankach lub miseczkach do barszczu czerwonego. Dekorujemy pianką z kremówki i posypujemy natką pietruszki.

Dwukolorowa pietruszkowa

Pietruszka to obok ziemniaków, marchwi i buraków nasze główne warzywo narodowe. Najczęściej występuje w roli aromatyzującego korzenia w rosole, składnika sałatki i zupy jarzynowej lub zielonej naci, którą hojnie posypujemy zupy i potrawy mięsne. Ciekawe, że nigdy nie wpadło Polakom do głowy, żeby robić z pietruszki zupę, a szkoda, bo jest naprawdę pyszna i nietuzinkowa. Znakomitą zupę pietruszkową w dwóch kolorach – białym i zielonym – gotowała Grażyna Łebkowska, szefowa kuchni współpracująca z ambasadą polską w Ottawie, a także słuchaczka kursów w pobliskim oddziale Le Cordon Bleu, najbardziej prestiżowej szkoły kucharskiej na świecie.
Pietruszkowa jest delikatna, zaskakująca w smaku, po prostu pyszna!

8 osób
łatwe

4 duże pietruszki, 1 duży pęczek natki (lub 2 małe), 1 łyżka masła, 1 średnia cebula, 1 średni ziemniak, sól, pieprz, szczypta gałki muszkatołowej, 1/2 szklanki słodkiej śmietanki 18%, 4 łyżki oliwy, 1 ząbek czosnku, 1 szklanka bulionu warzywnego, 1 jabłko (opcjonalnie)

Na patelni rozgrzewamy masło, wrzucamy pokrojoną w grubą kostkę cebulę, podsmażamy, aż będzie złota. Zdejmujemy cebulę, wrzucamy obraną i pokrojoną w dużą kostkę pietruszkę. Podsmażamy kilka minut, aż lekko zmięknie i zacznie pachnieć. Do garnka wrzucamy podsmażoną cebulę i pietruszkę oraz obranego i pokrojonego w kostkę ziemniaka. Zalewamy wodą tak, by zakryła warzywa, i gotujemy do miękkości ok. 30 minut. Doprawiamy solą, pieprzem i gałką, a potem miksujemy na jedwabisty krem. Dodajemy śmietankę i mieszamy.

Natkę drobno kroimy i wrzucamy na rozgrzaną w garnku oliwę, podsmażamy chwilę, dodajemy sól i rozgnieciony czosnek, po czym zalewamy bulionem warzywnym. Doprowadzamy do wrzenia, szybko zdejmujemy z ognia, miksujemy na krem o konsystencji pesto (nie musi być na gładko). Jeśli zupa jest za rzadka, dodajemy więcej posiekanej natki pietruszki lub obrane i pokrojone w kawałki jabłko i miksujemy ponownie.

Biały krem z korzenia pietruszki podajemy w głębokim talerzu. Dekorujemy pesto pietruszkowym.

Jak kupować pietruszkę?

Pietruszka to dość wymagające warzywo. Rośnie, jak chce, a jak nie chce, wychodzi kostropata i karłowata. Tymczasem w kuchni polskiej jest nieodzowna. Chytrzy sprzedawcy często więc zamiast prawdziwej pietruszki wciskają nam łudząco do niej podobny pasternak, który w smaku jest nieco słodszy i zdecydowanie mniej aromatyczny. Jeśli kupować pietruszkę, to najlepiej z nacią – wtedy mamy stuprocentową pewność. Gdy sezon na świeże warzywa już się skończył, warto przyjrzeć się im uważniej. Pietruszka ma mniejszy korzeń, jest bardziej aromatyczna, a przede wszystkim na główce (tam skąd wyrasta nać) jest wyraźnie stożkowata. Pasternak ma korzenie większe i jędrniejsze, a w miejscu wyrastania naci wgłębienie, które tworzy charakterystyczną fioletowobrązową obwódkę.

Dyniowa

z żubrówką

Poza smacznymi pestkami i kwaśnym marynatami w occie w moim domu dynia nie gościła często. Może dlatego, że pochodzę z Warszawy, gdzie to warzywo nigdy nie było bardzo popularne. Co innego mój mąż – Poznaniak. Pamięta do dziś zupę z korbola na słodko, którą regularnie podawano w przedszkolach i stołówkach szkolnych. Nie był jej wielkim fanem. Dynia rzeczywiście jest specyficzna. Mdła, ale kusząca. Świetnie się ją przechowuje przez całą zimę, jest tania, ma piękny kolor, mało kalorii, za to dużo wartości odżywczych: beta-karotenu, silnego przeciwutleniacza chroniącego nas przed chorobami, a także wapnia, fosforu i witamin z grupy B. Działa odkwaszająco na organizm, nie traci wartości odżywczych po ugotowaniu. Zgadzam się jednak z moim mężem. Trzeba ją dobrze doprawić i znaleźć na nią sposób, by w pełni pokazała swoje walory smakowe.

8 osób
łatwe

2 cebule, 1 łyżka masła, 1 kg dyni, szczypta gałki muszkatołowej, sól, pieprz, 3/4 szklanki słodkiej śmietanki 18%, 1 spory kieliszek żubrówki, 1 szklanka obranych pestek z dyni, 2 łyżki kwaśnej śmietany do przybrania

Cebulę obieramy, kroimy w grubą kostkę, szklimy na rozgrzanym maśle, aż nabierze rumieńców. Dynię obieramy ze skóry, kroimy w kostkę i wrzucamy do garnka. Zalewamy wodą tak, by przykryła dynię, dodajemy podsmażoną cebulę i gotujemy do miękkości (ok. 30 minut). Miksujemy na gładki krem, dodajemy śmietankę, sól, gałkę i pieprz. Miksujemy jeszcze przez chwilę. Zupa powinna być wyrazista w smaku, dobrze przyprawiona. Tuż przed podaniem wlewamy do niej żubrówkę, podgrzewamy 1–2 minuty, by alkohol wyparował.

Pestki dyni wrzucamy na suchą patelnię, podprażamy na średnim ogniu, co chwilę potrząsając patelnią. Gdy lekko się podpieką i zaczną pachnieć, zdejmujemy z ognia. Zupę podajemy posypaną pestkami dyni z kleksem kwaśnej śmietany.

Jak kupować dynię?

Powinna mieć gładką i jędrną skórkę. Jeśli jest mocno pomarszczona i chropowata, miąższ może okazać się włóknisty i twardy. Warzywo nie powinno mieć dużych plam i przebarwień. Pleśń wokół ogonka też nie będzie świadczyć o nim dobrze. Wybierajmy dynię jak najbardziej pomarańczową – to dowód na dużą zawartość beta-karotenu. Choć w eleganckich restauracjach najbardziej ceniona jest dynia Hokkaido, którą je się ze skórką, to w polskich sklepach najczęściej znajdziemy naszą dynię olbrzymią – najlepiej przystosowaną do polskiego klimatu i lokalną, co oznacza, że nie jeździła po świecie w chłodni przez wiele dni. Z kupowaniem dyni olbrzymiej warto jednak wstrzymać się do drugiej połowy września, bo im później zebrana, tym więcej w niej beta-karotenu.

Rozgrzewająca

marchewkowa z imbirem

i kolendrą

Zupa z marchwi. Brzmi jak posiłek dla chorych na żołądek. Gotowana marchew jest bowiem mdła, mało wyrazista w smaku i bardzo słodka. A jednak, podobnie jak na dynię, można znaleźć na nią sposób. Wystarczy szczypta orientu – imbir, kolendra, mleko kokosowe – i mamy pyszną, rozgrzewającą zupę, którą kochają też dzieci.

8 osób
łatwe

1 duża cebula, 1 kg marchwi, 2 łyżki masła, 1 szklanka wody, 1 szklanka soku pomarańczowego, 2 łyżki oliwy, 1 puszka mleka kokosowego, 3/4 szklanki śmietanki 18%, 3 łyżki świeżego imbiru lub łyżeczka suszonego, sól, pieprz, garść świeżej kolendry

Cebulę obieramy, szklimy na maśle. Odkładamy dwie średnie marchewki, pozostałe obieramy i kroimy w talarki. Cebulę i marchew wrzucamy do garnka, zalewamy wodą i sokiem pomarańczowym, gotujemy ok. 30 minut, do miękkości.

Odłożone dwie marchewki obieramy i kroimy na tarce lub mandolinie w cienkie plasterki. Możemy też pociąć je obieraczką do warzyw wzdłuż w cienkie paski. Oliwę lekko solimy i smarujemy nią chipsy marchewkowe. Pieczemy je 15 minut w piekarniku w temperaturze 180°C. Studzimy.

Pod koniec gotowania do zupy dodajemy mleko kokosowe, śmietankę, a także świeżo tarty imbir. Blendujemy ją na gładki krem. Doprawiamy solą, pieprzem. Podajemy z chipsami marchwiowymi i posiekaną świeżą kolendrą.

Jak kupować marchew?

Jeśli nie mamy dostępu do marchwi ekologicznej, na bazarku czy w supermarkecie wybierajmy marchew niepomarszczoną, niezwiędniętą i nienadgniłą. W uszkodzonych warzywach rozmnażają się drobnoustroje. W nadpsutych i nadgniłych – toksyczne i rakotwórcze grzyby. Dlatego, jeśli nawet tylko część marchewki jest zepsuta, trzeba wyrzucić całą. Im marchewka mniejsza i młodsza, tym smaczniejsza.

DANIA GŁÓWNE

„Mamo, co na obiad?" – to jedno z najczęstszych pytań moich dzieci. Obiad, zwłaszcza sobotni czy niedzielny, jest w naszym domu świętością. Pierwszym daniem zawsze jest zupa, drugim – mięso lub ryba. Możliwości w kuchni polskiej mamy tyle, że przez 365 dni w roku można gotować coś innego. Stosunkowo rzadko serwuję ulubione przez rodaków kotlety schabowe z kapustą i ziemniakami. Owszem, dzieciaki je lubią, ale my z mężem chyba się już nimi przejedliśmy. Mielony zrobiony ze świeżo zmielonego w domu mięsa, podsmażanej cebulki i majeranku, podany z kaszą i pieczonymi burakami brzmi bardziej interesująco. Jeśli ktoś nie lubi albo nie może jeść mięsa smażonego, mielone błyskawicznie może zamienić w pulpety w sosie koperkowym, grzybowym lub pomidorowym. Klasyczną potrawą kuchni polskiej z mięsa mielonego są gołąbki. Lubię z nimi eksperymentować. Świetnie smakują z cielęciną i czerwonym ryżem, podane z sosem ze świeżych pomidorów. Gołąbki można nadziewać nie tylko różnymi rodzajami mięsa, ale też kaszą, grzybami i soczewicą. Można zawijać je w liście najróżniejszych kapust, także w liście botwiny.

Drób gości na naszym stole częściej niż czerwone mięso. I dobrze, bo jest zdrowszy i chudszy. Dzieci lubią roladki drobiowe, a że rodzinę mamy naprawdę dużą, powodzeniem cieszą się u nas wielkie ptaki – gęś, indyk, kaczka. Podajemy je z kolorowymi kopytkami, z kaszą jęczmienną albo gryczaną, z purée z kalafiora albo bobu, z pyzami poznańskimi, z brązowym ryżem. Podczas eleganckich kolacji dla dorosłych sos z pieczeni drobiowej wzbogacam niekiedy polskimi nalewkami, miodem pitnym czy kieliszkiem żubrówki. Niby mały dodatek, a jak cieszy podniebienie!

Fantastycznym dziedzictwem kuchni polskiej jest też dziczyzna. Moim zdaniem, najsmaczniejsze i najzdrowsze mięso. Wybiegane, wypasione naturalnie, aromatyczne. Oczywiście nie namawiam nikogo, by jadł je codziennie, ale jako eleganckie danie odświętne zawsze smakuje wspaniale. Dodatki do dziczyzny trudno zliczyć – czerwona kapusta (w mojej wersji słodko-kwaśna z żurawiną i odrobiną miodu), pieczone jabłka z majerankiem, buraki z kozim serem albo po prostu pieczone, warzywa karmelizowane (marchew, pietruszka, seler), wiśnie, aronia, żurawina, borówki, grzyby leśne, wytrawny bigos z podgrzybkami…

Polski obiad to także moje ulubione dania rybne. Cieszę się, że Polacy coraz rzadziej kupują niezbyt odżywczą i paskudną w smaku pangę. Częściej na naszych stołach gości za to śledź, dorsz, pstrąg, sandacz, tuńczyk czy łosoś – dla mnie nieco banalny, ale muszę przyznać: smaczny i co ważniejsze, lubiany przez dzieci. Jak widać, odpowiedź na pytanie: „Co na obiad?" w przypadku kuchni polskiej wcale nie jest prosta…

Pstrąg w maku

z kaszotto jaglanym przy „zielonym stawie”

Delikatna, bogata w składniki odżywcze ryba może stać się gwiazdą nie tylko piątkowego obiadu. Chrupka panierka z maku dodaje jej uroku i koloru. To danie pojawia się na naszym stole w okolicy świąt Bożego Narodzenia. Świetnie komponuje się także z pierogami z kapustą i grzybami oraz z barszczem czerwonym z uszkami. Pstrąga w maku można śmiało podawać podczas uroczystej kolacji wigilijnej. Przepis jest naprawdę prosty.

8 osób
średnio trudne

Ryba: 4 średnie filety z pstrąga, 3/4 szklanki maku, olej rzepakowy do smażenia, sól

Kaszotto: 1 i 1/2 szklanki kaszy jaglanej, 1 cebula, 1 łyżka masła, 1 szklanka domowego bulionu, 2 szklanki wody, 1/4 szklanki śmietanki 18%, 50 g sera pleśniowego Lazur, 1/2 pęczka koperku, sól, pieprz

„Zielony staw”: 1 długi ogórek, różnokolorowa sałata, 3 łyżki oliwy, 1 cytryna, 1 łyżka miodu, 2 łyżki wody, 2 ząbki czosnku, sól i pieprz do smaku

Najpierw przygotowujemy kaszotto. Cebulę obieramy, kroimy w drobną kosteczkę, podsmażamy na maśle. Gdy się zeszkli, dodajemy przepłukaną wrzątkiem na sicie kaszę jaglaną (płuczemy ją wrzącą wodą, by nie była gorzka). Prażymy przez kilka minut. Wlewamy bulion, a kiedy kasza go wchłonie – 2 szklanki wody. Całość gotowania (od wrzucenia kaszy) powinna trwać nie dłużej niż 18 minut. Kiedy kasza jest miękka, dodajemy śmietankę, drobno pokruszony ser i koperek. Przyprawiamy solą i pieprzem, mieszamy.

Filety z pstrąga myjemy, jeśli trzeba, zdejmujemy skórę i dokładnie sprawdzamy, czy nie mają ości (jeśli są – usuwamy). Każdy płat przekrawamy na pół, delikatnie solimy. Na patelni rozgrzewamy olej, na talerz wysypujemy mak. Każdy kawałek ryby obtaczamy, ale tylko z jednej strony – od strony grzbietu, w maku i kładziemy tą stroną na rozgrzaną patelnię. Chodzi o to, by mak się zarumienił i utworzył na rybie skorupkę. Po 2 minutach przekładamy pstrąga na drugi boczek (ten bez panierki) i smażymy 2–3 minuty. Gotowe filety odkładamy na talerz wyłożony papierowym ręcznikiem, który wchłonie zbędny tłuszcz.

Oliwę, wodę, miód, sok z 1/2 cytryny oraz skórkę startą z całej cytryny mieszamy bardzo dokładnie, najlepiej w słoiku. Dodajemy przeciśnięty przez praskę czosnek. Ponownie mieszamy, po czym dodajemy do kolorowej sałaty. Delikatnym ruchem przewracamy sałatę w misce, by sos oblepił wszystkie liście.

Zielony ogórek starannie myjemy, a potem obieraczką do warzyw wykrawamy wzdłuż cieniutkie plastry – wstążki ogórkowe. Układamy je na talerzu tak, by utworzyły koło. W środek nakładamy doprawioną sałatę.

Obok „zielonego stawu”, najlepiej przy użyciu okrągłej formatki, układamy kaszotto. Wzdłuż obu – pstrąga.

Jak kupować pstrąga?

Świeży pstrąg ma delikatny zapach. Jeśli mocno pachnie rybą, znaczy, że jest nie pierwszej świeżości.
Skóra ryby powinna być błyszcząca, gładka i napięta, a mięso – zwarte, jędrne i elastyczne. Po naciśnięciu palcem ryba musi wrócić do poprzedniego kształtu. Szczególną uwagę należy zwrócić na skrzela (powinny mieć kolor różowy lub czerwony) i oczy – najlepiej, żeby były wypukłe, przezroczyste i błyszczące, nigdy szkliste czy matowe.

Dorsz na konfiturze

jabłkowo-cebulowej z pieczonymi pomidorami i purée z kalafiora z czarnuszką

Co łączy Polaków i Portugalczyków? Wiele. Położenie w Europie i członkostwo w Unii Europejskiej, tradycje katolickie i rodzinne, miłość do piłki nożnej i… dorsza.
Portugalski bacalao podaje się na milion sposobów. Suszony i solony, z ziemniakami i cebulą, z pomidorami i oliwkami, w oliwie z czosnkiem. W Polsce najczęściej przyrządzamy go, smażąc w panierce z jajka i mąki i podając z ziemniakami lub frytkami. Ja jednak za panierkami nie przepadam, za smażeniem też. Zatem dorsz będzie pieczony, a zamiast ziemniaków z tłuszczem czy frytek proponuję zdrowsze purée z kalafiora.

4 osoby
łatwe

Konfitura jabłkowo-cebulowa: 2 kwaśne jabłka, najlepiej szare renety lub antonówki, 6 dużych cebul, 2 łyżki masła, 1/3 szklanki białego octu winnego lub jabłkowego, 2 łyżki miodu

Ryba: 500 g fileta z dorsza, olej rzepakowy do skropienia ryby i pomidorów, sól, pieprz, kilka gałązek pomidorków koktajlowych, szczypta cukru, 1 ząbek czosnku, 1 łyżka oliwy

Purée z kalafiora: 1 kalafior, 2 łyżki masła, sól, szczypta gałki muszkatołowej (najlepiej świeżo startej, ale może też być mielona), 3 płaskie łyżki czarnuszki (można ją zastąpić koprem)

Jabłka obieramy, wydrążamy gniazda nasienne, kroimy w słupki. Cebulę obieramy, kroimy w piórka, wrzucamy na patelnię na rozgrzane masło. Smażymy ok. 10 minut, aż sok wyparuje, a cebula się zezłoci. Dodajemy ocet i miód, wlewamy 1 szklankę wody i dusimy ok. 45 minut na małym ogniu, aż cebula się skarmelizuje. Jeśli trzeba, dolewamy wody. Wrzucamy jabłka, smażymy jeszcze ok. 5 minut, aż jabłka zmiękną i połączą się z cebulą.

Rybę myjemy, usuwamy ości, jeśli są. Nacieramy solą i pieprzem, skrapiamy olejem rzepakowym. Układamy w naczyniu żaroodpornym, podlewamy wodą (do 1/3 wysokości ryby) i pieczemy 20–25 minut (w zależności od grubości fileta) w temperaturze 175°C. Pomidorki myjemy, uważając, by nie naruszyć gałązek. Łączymy oliwę z rozgniecionym ząbkiem czosnku, szczyptą cukru i odrobiną soli. Tą mieszaniną smarujemy pomidorki za pomocą pędzla kulinarnego, a następnie wkładamy je do naczynia żaroodpornego. Pieczemy ok. 15 minut w tej samej temperaturze, co rybę (175°C).

Kalafior myjemy, dzielimy na różyczki, każdą kroimy na kilka plasterków. Na patelni rozgrzewamy masło, wrzucamy kalafiora (jeśli jest duży, trzeba to zrobić partiami). Gdy się zezłoci, przekładamy go do garnka i zalewamy niewielką ilością wody. Gotujemy do miękkości ok. 20 minut. Doprawiamy solą i gałką muszkatołową i blendujemy na gładkie purée. Na końcu dodajemy czarnuszkę.

Dorsza podajemy na odrobinie konfitury jabłkowo-cebulowej, z kleksem purée i pieczonymi pomidorkami koktajlowymi.

Jak kupować dorsza?

Najsmaczniejszy jest oczywiście świeży. Jednak w polskich sklepach świeżego dorsza trudno upolować, częściej znajdziemy mrożonego. Kupując mrożone ryby, koniecznie trzeba zwrócić uwagę na zawartość tzw. glazury. Dziś „mistrzowie” potrafią z 0,5 kg ryby zrobić 1 kg mrożonej! Tego nawet usmażyć się nie da, bo się zaparza, gotuje. Zresztą niektórzy producenci nie dodają wody na zewnątrz ryby, a do jej wnętrza, nastrzykując mięso wodą z polifosforanami jak przy produkcji najtańszych wędlin. Lepiej więc kupować rybę mrożoną w opakowaniu, bo wtedy możemy sprawdzić wszystkie informacje. Jeśli kupujemy na wagę – dopytajmy sprzedawcę o zawartość glazury.

Łosoś z miodem

i Lazurem,
ryż pietruszkowy,
sajgonki warzywne

Ten przepis wymyśliłam wiele lat temu i do dziś goście są nim zachwyceni. Rzecz bowiem w tym, żeby smaku ryby nie przykryć kołdrą sera, pikantnej paniery, pieczarek z cebulą albo pomidorów z oliwkami i kaparami. Rybom należy się szacunek i delikatna oprawa. Sos koperkowy albo cytrynowy, muśnięcie słodyczą, szczypta słonego smaku, odrobina pikanterii. Wszystko to powinno być jednak pastelowe w smaku, tak by ryba pozostała głównym bohaterem dania.

8 osób
średnio trudne

Ryba: 1 kg fileta z łososia, 50 g jogurtu naturalnego greckiego, 50 g sera pleśniowego Lazur, 2 łyżki płynnego miodu, sól

Ryż pietruszkowy: 1 szklanka ryżu, 2 szklanki wody, 1 łyżka masła, pęczek pietruszki, sól

Sajgonki warzywne: 2 marchewki, 1 pietruszka, kawałek czerwonej kapusty, 3 laski selera naciowego, 1 por, pęczek świeżej kolendry, 2–3 łyżki sosu sojowego niskosodowego, 2–3 łyżki soku z cytryny, 1 łyżeczka brązowego cukru (może być zwykły) lub miodu, sól, 8 płatów papieru ryżowego, kilka łyżek oleju rzepakowego

Rybę myjemy, jeśli trzeba, zdejmujemy skórę, sprawdzamy, czy wszystkie ości zostały wyjęte. Osuszamy papierowym ręcznikiem, delikatnie solimy i układamy w naczyniu żaroodpornym. Zanurzamy łyżeczkę w jogurcie i w równych odstępach robimy na rybie małe kropki jogurtowe. Na wierzchu cienką warstwą rozkruszamy ser pleśniowy. Zanurzamy łyżeczkę w miodzie i zamaszystym ruchem robimy na łososiu miodowe mazaje. Chodzi o to, by na wierzchu powstała delikatna, cienka skorupka w trzech smakach: słonym (Lazur), słodkim (miód) i kwaśnym (jogurt), która jednak nie zdominuje smaku ryby.

Do naczynia żaroodpornego wlewamy tyle wody, by sięgała mniej więcej do połowy wysokości ryby – w ten sposób łosoś nam się nie wysuszy. Wstawiamy go do piekarnika i pieczemy 40 minut w temperaturze 170°C.

Ryż gotujemy ok. 15 minut w 2 szklankach osolonej wody, zostawiamy pod przykryciem na kolejne 10 minut. Dodajemy masło i drobno posiekaną natkę pietruszki.

Warzywa obieramy, kroimy w cienkie i długie słupki. Marchewkę, pietruszkę i kapustę wrzucamy na rozgrzaną patelnię i podsmażamy na oleju ok. 5 minut, następnie zalewamy niewielką ilością wody i gotujemy kolejne 5 minut. Gdy woda odparuje, dorzucamy najpierw seler, a po kilku minutach por. Doprawiamy sosem sojowym, sokiem z cytryny, solą i cukrem. Zdejmujemy z patelni i lekko chłodzimy. Płaty papieru ryżowego zwilżamy pędzlem z odrobiną wody, układamy na nich warzywa oraz świeżą kolendrę i zwijamy w rulony. Na patelni rozgrzewamy trochę oleju i podsmażamy sajgonki z każdej strony, aż się delikatnie zezłocą. Podajemy ułożone obok łososia i ryżu pietruszkowego.

Jak kupować łososia?

Przeważająca większość łososi w naszych sklepach pochodzi z wielkich ferm hodowlanych, gdzie ryby karmi się paszą kolorowaną barwnikiem. W skład takiej paszy wchodzą granulki z oleju rybnego, mączki i wyciągi roślinne (zboże, bób, soja itp.), witaminy, sole mineralne oraz astaksantyna – barwnik (naturalny lub sztuczny), który nadaje jej łososiowy kolor. Łososiom hodowlanym częściej podaje się antybiotyki, ale ryba zanim trafia do uboju, przechodzi okres kwarantanny, więc ta, którą kupujemy w sklepie, jest ich pozbawiona. Filety nie mają ości i zawierają mniej tłuszczu niż dzwonka, ale te z kolei są tańsze. Łosoś mrożony jest mniej smaczny niż świeży.

Pierś z kurczaka

w occie balsamicznym i porzeczkach, podawana z wytrawnymi leniwymi

Danie idealne na lekki lunch lub spotkanie przyjaciółek. Smakuje też dzieciom. Porzeczki można zastąpić innymi owocami sezonowymi, np. truskawkami lub agrestem, będzie smacznie i kolorowo. Zimą zamiast świeżych owoców lepiej używać mrożonych.

4 osoby
łatwe

Kurczak: 1 pierś (podwójna) z kurczaka, olej rzepakowy do smażenia, sól, 3 łyżki octu balsamicznego, 1 czubata łyżka miodu gryczanego, 1 szklanka czerwonych porzeczek, 1 ząbek czosnku, 2 garście rukoli

Pierogi leniwe: 500 g półtłustego twarogu, 2 jajka, 1 szklanka (lub trochę więcej) mąki, sól

Zaczynamy od przygotowania pierogów. Twaróg przeciskamy przez praskę albo rozgniatamy tłuczkiem. Dodajemy jajka i mąkę, dokładnie mieszamy. Jeśli ciasto będzie się kleić do rąk, dodajemy trochę więcej mąki. Ugniatamy, dzielimy na kawałki i z każdego kawałka formujemy rulon. Zgniatamy go dłonią, tak by powstała „wstążka". Każdą wstążkę ciasta kroimy w romby (większe niż kopytka). Pierogi gotujemy w osolonej wodzie ok. 1 minuty od wypłynięcia.

Kurczaka myjemy, osuszamy papierowym ręcznikiem i kroimy na mniejsze kawałki. Lekko rozbijamy je tłuczkiem i delikatnie solimy. Na patelni rozgrzewamy kilka łyżek oleju, wrzucamy kurczaka, smażymy przez 2–3 minuty z każdej strony. Dodajemy ocet i miód, dolewamy 1/4 szklanki wody. Dusimy, potrząsając patelnią, tak długo, aż ciemny sos zacznie oblepiać kurczaka – wtedy wrzucamy porzeczki.

Na talerzu układamy leniwe, na nich kawałki kurczaka. Polewamy sosem balsamicznym, który wytworzył się podczas duszenia mięsa, i posypujemy rukolą.

Jak kupować kurczaka?

Dla wielu mięsożerców kurczak to właściwie nie mięso. Chude, blade, papierowe w smaku. Tymczasem, jak przekonują dietetycy, to jedno z najzdrowszych mięsiw. W sklepach znajdziemy głównie brojlery, czyli rasy mięsne przeznaczone do przemysłowego tuczu. Są tak zaprogramowane genetycznie, by w jak najkrótszym czasie osiągnąć jak największą wagę, co specjalnie zdrowe nie jest. Tradycyjnie chowany wiejski kurczak żyje nawet 20 tygodni, zanim wyląduje na talerzu, brojler – tylko pięć. Mięso brojlera jest prawie bez smaku, blade i watowate. On sam wygląda jak kulturysta, bo ma wielkie piersi, a nóżki słabe i łamliwe. Mało się rusza i niewiele ma piór, by nie trzeba było go skubać. Co jada? Mieszanki pobudzające wzrost i apetyt, mączkę rybną oraz modyfikowaną genetycznie soję, która pompuje mięso. I w pewnym sensie potem jedzą to konsumenci brojlerów.

Niektóre antybiotyki są dozwolone w hodowli drobiu. Pasze dla piskląt do 12. tygodnia zawierają np. kokcydiostatyki, mające przeciwdziałać groźnym chorobom. Kurczaki w odpowiednim czasie powinny przestać przyjmować te antybiotyki i przejść okres karencji. Ale czy tak się dzieje? Prawo unijne zabrania stosowania hormonów w produkcji mięsa. Według niego również większość antybiotyków można podawać wyłącznie w ramach leczenia, i to tylko pod kontrolą weterynarza. Niestety, zdarza się, że leki są nadużywane. Tymczasem jeśli regularnie spożywamy mięso zwierząt, które przyjmowały antybiotyk, to wytwarza się u nas oporność na tę substancję i w czasie choroby nie będzie na nas działała.

Lepiej więc poszukać kurczaka ekologicznego, zwłaszcza dla maluchów. Owszem, jest bardzo drogi (w cenie jednego można kupić kilka przemysłowych), ale ekocertyfikaty gwarantują, że znajdował się pod kontrolą od czasu, gdy był pisklęciem, do momentu zakupu. Nie dostawał antybiotyków ani pasz z niepewnego źródła. Stosunkowo nowym typem na naszym rynku jest kurczak zagrodowy. Można go kupić w supermarketach i dyskontach. To krzyżówka rasy mięsnej oraz podwórkowej. Geny rasy mięsnej powodują, że ma dobre, delikatne, ciemnoróżowe mięso, a geny rasy podwórkowej – że jest bardziej odporny, pełniejszy w smaku i dobrze sprawdzi się w rosole. Kurczaki zagrodowe rosną dłużej niż brojlery, bo dostają jedynie pasze roślinne. Nie daje się im żadnych stymulatorów wzrostu ani antybiotyków.

Warto kupować kurczaka lepszej jakości – zagrodowego, ekologicznego, certyfikowanego. Jeśli będziemy o takie pytać sprzedawców, więcej wylęgnie się ich w sklepach.

Rolada z kurczaka

z agrestem i suszonymi pomidorami, purée z bobu, warzywa po polsku

Czym byłby obiad bez warzyw à la polonaise, czyli podawanych z bułką tartą podsmażaną na maśle! W końcu to nasze dziedzictwo kulinarne i wkład w kuchnię światową. Przepisy na przygotowane w ten sposób warzywa pojawiają się w XIX-wiecznych książkach kucharskich Lucyny Ćwierciakiewiczowej, a i do tej pory cieszą nasze podniebienia. Znam dzieciaki, które z warzyw podawanych po polsku najchętniej zjadają… bułkę tartą podsmażoną na maśle. Sama ją lubię.

8 osób
średnio trudne

Rolada: 1 pierś (podwójna) z kurczaka, 1 i 1/2 szklanki zielonego lub białego agrestu (może być mrożony), 1 łyżka cukru, 3 łyżki musztardy sarepskiej, sól, pieprz, kilka wstążek szczypioru z dymki, 10 suszonych pomidorów w oleju, 1 łyżka oleju rzepakowego

Warzywa: 2 marchewki, 1/2 kalafiora, 1/2 brokułu, sól, 5 łyżek bułki tartej, 50 g masła

Purée z bobu: 500 g bobu, 1 łyżka masła, 2 łyżki kwaśnej śmietany, sól, pieprz, szczypta gałki muszkatołowej (najlepiej świeżo startej, ale może też być mielona), 1 łyżeczka cukru

Agrest myjemy, usuwamy szypułki, wrzucamy do garnuszka, dodajemy łyżkę cukru i gotujemy ok. 5 minut na małym ogniu.

Kurczaka myjemy, kroimy horyzontalnie w plastry i każdy delikatnie rozbijamy tłuczkiem. Rozkładamy na desce do krojenia jeden obok drugiego tak, by powstał prostokąt z mięsa. Posypujemy odrobiną soli i pieprzu, smarujemy cienką warstwą musztardy i kwaśną konfiturą agrestową. Układamy na niej szczypior z dymki oraz suszone pomidory. Zwijamy mięso w rulon, wkładamy na patelnię i obsmażamy na łyżce oleju, po czym przekładamy do naczynia żaroodpornego, podlewamy wodą i pieczemy przez 30 minut w temperaturze 180°C.

Warzywa gotujemy w lekko osolonej wodzie, wrzucając najpierw marchewkę pokrojoną w grube plasterki i kalafiora podzielonego na różyczki, a na końcu – tylko na 5 minut – brokuły. Na suchej, rozgrzanej patelni podpiekamy bułkę tartą, aż będzie brązowa. Dodajemy masło, a gdy się rozpuści, zdejmujemy z ognia. Bułka powinna mieć konsystencję mokrego piasku.

Bób gotujemy z dodatkiem soli i odrobiny cukru do miękkości: młody ugotuje się w 10 minut, starszy – 15. Przelewamy go zimną wodą, obieramy, dodajemy masło i śmietanę, Doprawiamy solą, pieprzem i gałką muszkatołową, blendujemy na purée.

Roladki kroimy w plastry i podajemy na purée z bobu. Obok układamy warzywa i „piasek” z bułki tartej.

Jak kupować bułkę tartą?

Sprawdzając skład! Bułka tarta może mieć wszystkie grzechy paskudnego, przemysłowego pieczywa. Ba, w niektórych piekarniach miele się do torebek, co wpadnie pod rękę – stare bułki z makiem, słodkie maślane, przypalone, lekko spleśniałe. Bułka tarta powinna mieć wyłącznie naturalne składniki, takie jak mąka i drożdże, a zdarza się, że zawiera oleje roślinne, chemiczne wybielacze, emulgatory i regulatory kwasowości. Brrr!

Indyk aromatyzowany

żubrówką, szparagi,
szare kluski z żurawiną

Bardzo delikatne danie, oparte na klasycznym połączeniu znanym z drinków popularnie nazywanych „szarlotką", czyli soku jabłkowego z żubrówką. Jeśli gotujemy dla dzieci i mamy obawy co do używania alkoholu w sosach, możemy przyrządzić dla nich wersję bezalkoholową. Będzie równie dobra.

4 osoby
średnio trudne

1 pierś (pojedyncza) z indyka, 2 łyżki oleju rzepakowego, 3 szklanki soku jabłkowego dobrej jakości (mętnego), 1 jabłko, 3/4 szklanki słodkiej śmietanki 18% (z kartonika), 1 kieliszek żubrówki, sól, pieprz, 1 pęczek szparagów, 1 łyżeczka masła

Szare kluski: 500 g ziemniaków, garść suszonej żurawiny, garść świeżego tymianku, 1 jajko, 1/2 szklanki (lub ciut więcej) mąki, sól

Indyka myjemy i solimy. Olej rozgrzewamy na patelni, wrzucamy mięso i smażymy je z każdej strony przez 5 minut. Zdejmujemy z patelni, wkładamy do naczynia żaroodpornego, zalewamy sokiem jabłkowym i pieczemy przez godzinę w temperaturze 180°C, przewracając co jakiś czas i – jeśli trzeba – dolewając soku.

Przygotowujemy kluski. Żurawinę zalewamy wrzątkiem. Ziemniaki obieramy, ścieramy na tarce na małych oczkach, wrzucamy na sito i czekamy, aż odciekną. Przekładamy do miski, dodajemy jajko, sporo soli, mąkę, tymianek i odcedzoną z wody żurawinę. Mieszamy. Jeśli masa jest bardzo płynna, dodajemy jeszcze trochę mąki. W dużym garnku zagotowujemy osoloną wodę. Gdy zacznie wrzeć, łyżeczką do herbaty nabieramy masę ziemniaczaną i zsuwamy do wody tak jak kluski kładzione. Gotujemy ok. 1 minuty od wypłynięcia.

Szparagi myjemy i suszymy. Jeśli są grube i zdrewniałe, obieramy je aż do główki obieraczką do jarzyn. W przeciwnym razie tylko odłamujemy końcówki. Rozgrzewamy masło na patelni, wrzucamy szparagi i chwilę je smażymy, potrząsając patelnią. Wlewamy odrobinę wody i dusimy, by zmiękły.

Indyka wyjmujemy z pieca, zostawiamy na talerzu, by odpoczął. Sos jabłkowo-mięsny (spod pieczeni) wlewamy do garnka i gotujemy, dodając obrane i pokrojone w kostkę jabłko. Przyprawiamy solą i pieprzem. Kiedy jabłko zmięknie, miksujemy sos ze śmietanką, dolewamy żubrówkę i chwilę odparowujemy alkohol.

Indyka kroimy w plastry. Każdą porcję polewamy sosem, obok układamy szare kluchy i szparagi.

Jak kupować soki jabłkowe?

Kierując się mętnością i zawartością miąższu, bo nieklarowane, nieoczyszczane soki są o wiele zdrowsze. Zawierają więcej błonnika i witamin, więcej przeciwutleniaczy chroniących nas przed chorobami serca i nowotworami, niż te idealnie przezroczyste, które de facto są wodą z cukrem. Sok jabłkowy mętny będzie też smaczniejszy, co ważne także podczas gotowania. Najzdrowsze są soki niepasteryzowane, wprost z sokowirówki, jednodniowe, ale te sprzedawane w dużych kartonach z wentylkiem (mętne!) też dają radę.

Indyk w orzechach

włoskich, pyzy poznańskie, szabelek

Wspomnienie obiadu, który zawsze gdy przyjeżdżaliśmy do Poznania, gotowała nam nieoceniona, nieżyjąca już, niestety, ciocia Helenka. Dzieci już od Warszawy odliczały minuty do obiadu, śpiewając po drodze piosenkę, którą wspólnie ułożyliśmy: „Ciociu Helenko, spójrz przez okienko, bo Janek/Marysia/Zosia jedzie już!". Ciocia piekła fantastycznego indyka w śmietanie z orzechami włoskimi z własnego ogródka i „szabelkiem", czyli fasolką szparagową (tak ją nazywają Wielkopolanie). Jakie to było pyszne!

8 osób
średnio trudne

1 pierś (podwójna) z indyka, 2 łyżki oleju, 2 szklanki śmietanki 18%, 1 szklanka orzechów włoskich, sól, pieprz, szczypta gałki muszkatołowej (najlepiej świeżo startej, ale może też być mielona), 1 łyżka soku z cytryny

Szabelek: 1 kg fasolki szparagowej, pęczek szczypiorku, 2 łyżki masła, 2 ząbki czosnku, sól, cukier

Pyzy (można je zastąpić kupnymi, które podgrzewamy w mikrofali lub na parze): 1 kg mąki, 2 łyżki cukru, 4 jajka, 50 g drożdży, 500 ml mleka, 7 łyżek oleju, sól

Pierś z indyka myjemy, solimy. Wrzucamy na rozgrzany na patelni olej i obsmażamy przez 5 minut z każdej strony. Przekładamy wraz z tłuszczem do garnka, a na patelnię wlewamy 1/2 szklanki wody i podgrzewamy. Gdy smaczne pozostałości wypłuczą się z patelni, przelewamy wodę do garnka z mięsem. Wlewamy śmietankę, wrzucamy orzechy włoskie i przykrywamy garnek pokrywką. Dusimy mięso przez godzinę, przekładając je z boku na bok. Pod koniec duszenia doprawiamy solą, pieprzem, gałką muszkatołową i sokiem z cytryny.

Teraz robimy pyzy. Do lekko podgrzanego mleka wrzucamy drożdże i cukier, odstawiamy na kilkanaście minut, by drożdże zaczęły pracować. Po tym czasie do przesianej mąki wbijamy jajka, dodajemy szczyptę soli i zaczyn drożdżowy. Zagniatamy. Dodajemy olej i ponownie zagniatamy. Miskę z ciastem przykrywamy ściereczką i odstawiamy na 30 minut w ciepłe miejsce. Ciasto wykładamy na stolnicę, oprószamy mąką i wałkujemy na grubość 3 cm. Szklanką wykrawamy kółka. Odstawiamy je na 15 minut do wyrośnięcia. Gotujemy na parze 20 minut.

Fasolkę obieramy, wrzucamy na osoloną i delikatnie posłodzoną wodę i gotujemy do miękkości ok. 30 minut. Szczypiorek sparzamy wrzątkiem. Na patelni rozpuszczamy masło, dodajemy drobniutko posiekany czosnek, podgrzewamy, uważając, by czosnek się nie przypalił. Zdejmujemy z ognia.

Na talerzu układamy plaster indyka polany sosem orzechowym, obok podgrzaną pyzę (w środku można zrobić dołek i wlać weń odrobinę sosu). Fasolkę układamy w równe kopczyki, każdy przewiązujemy kokardką ze sparzonego szczypiorku i polewamy masłem czosnkowym.

Jak kupować indyka?

Mięso powinno być różowe (nigdy szare), bez zasinień i krwiaków. Zwracajmy też uwagę na jego jędrność i sprężystość. Jeśli opakowanie jest nieszczelne, w miejscu, w którym nie osłania ono mięsa, występuje tzw. osuszka – mięso będzie białe i niesmaczne. Na etykiecie szukajmy także oznaczeń klasy: A (to klasa najwyższa) lub B, terminu przydatności do spożycia, numeru weterynaryjnego producenta, masy netto oraz numeru partii. Mięso pakowane próżniowo (vacuum) czy w atmosferze modyfikowanej (MAP), ze zmniejszoną ilością tlenu wewnątrz opakowania, dłużej zachowuje świeżość.

Piersi z kaczki

w miodzie pitnym, podawane z kaszą jęczmienną i jabłkami w majeranku

Wykwintne, ale proste w wykonaniu danie. Nie można tylko bać się różowości kaczej piersi. Jeśli ją przegrzejemy, wychodzi gumowata i twarda. Zasada 3/3/13 sprawdza się jak najbardziej: 3 minuty na każdym boczku, po czym 13 minut w piekarniku. Sos z pieczonej kaczki z odrobiną śmietanki i miodu pitnego – niebo w gębie! To danie urzekło nie tylko prezydenta RP, ale także premiera Kanady Stephena Harpera.

8 osób
średnio trudne

4 piersi (pojedyncze) kacze, 4 kwaśne jabłka, najlepiej szare renety lub antonówki, 2–3 łyżki masła do smażenia, majeranek, sól, pieprz, 3/4 szklanki śmietanki 18% (z kartonika), 1/4 szklanki miodu pitnego

Kasza: 1 szklanka kaszy jęczmiennej, 2 i 1/4 szklanki wody, 1/2 papryki, 1/2 pęczka natki pietruszki, 1 jajko, sól, pieprz

Kaszę gotujemy w 2 i 1/4 szklanki osolonej wody. Po przestygnięciu przesypujemy do miski. Paprykę kroimy w kosteczkę najdrobniej, jak się da. Natkę siekamy. Paprykę i natkę dodajemy do kaszy, wbijamy jajko, doprawiamy solą i pieprzem. Blaszkę wykładamy papierem do pieczenia. Rozkładamy na niej kaszę łyżką tak, by powstała warstwa grubości 1,5 cm. Zapiekamy przez 20 minut w piekarniku nagrzanym do temperatury 180°C.

Jabłka myjemy, obieramy ze skórki, usuwamy gniazda nasienne, po czym owoce kroimy na plasterki grubości 1 cm. Wrzucamy je na patelnię i obsmażamy na maśle przez kilka minut z każdej strony. Pod koniec smażenia posypujemy majerankiem (trzeba uważać, żeby go nie przypalić, bo będzie gorzki).

Filety z piersi kaczki myjemy, osuszamy, nacinamy skórę w kratkę w odstępach 1 cm, uważając, by nie pociąć mięsa. Nacieramy je solą i pieprzem. Kładziemy skórą do dołu na zimnej patelni (jeśli wrzucimy na rozgrzaną, tłuszcz się nie wytopi zbyt dobrze, a skórka nie będzie chrupiąca, tylko gumowata). Smażymy filety po 3 minuty z każdej strony. Następnie wkładamy je na 13 minut do piekarnika i pieczemy w temperaturze 180°C. Wyjmujemy z piekarnika, dajemy kaczce odetchnąć, a gdy lekko przestygnie, kroimy w plastry. Jeśli pokroimy mięso od razu po wyjęciu z pieca, cały sok z niego wycieknie, a to on jest źródłem smaku. Smażąc kaczkę, należy używać szczypiec – nie nakłuwajmy jej widelcem, bo straci sok.

Na patelnię wlewamy śmietankę (by zmyć z niej smakowite pozostałości mięsa), podgrzewamy, doprawiamy solą, następnie przelewamy do garnuszka. Mieszamy dobrze rózgą, dodajemy miód pitny. Lekko podgrzewamy i zdejmujemy z ognia.

Na płaskim talerzu układamy prostokąty lub kółka z kaszy, obok kółka jabłkowe i niżej – plastry mięsa.

Jak kupować kaczkę?

Najlepiej w całości, wtedy jest znacznie tańsza niż udka czy piersi (te są najdroższe). W sklepach można kupić kaczki świeże (rzadziej) bądź mrożone. Podobno najsmaczniejsze są ptaki młode, których waga nie przekracza 2 kg. Mrożenie nie szkodzi kaczemu mięsu, a wręcz przeciwnie – wielu szefów kuchni twierdzi, że mrożona kaczka jest bardziej krucha niż świeża. Kupując piersi kacze, nie należy bać się tłuszczu, wytapia się on na patelni, pozostawiając doskonały smak. Tłuszcz z pieczeni można wykorzystać do innych dań, np. z kurczaka lub indyka, albo zrobić z niego (z dodatkiem resztek mięsa) pyszny smalec.

Gęś owsiana,

podawana z zielonymi kopytkami i czerwoną kapustą

Nie wyobrażam sobie listopadowych imienin męża bez gęsi podanej w towarzystwie biało-czerwonych dodatków: buraków, ziemniaków, czerwonej kapusty, koziego sera. W końcu to święto narodowe. Polską gęsią zajadają się Niemcy, Francuzi, Skandynawowie. Gęsie łapki eksportowane są do Tajlandii, gdzie uznaje się je za afrodyzjak. Nie wiedzieć czemu, u Polaków gęś jest w niełasce. A przecież jesteśmy największym producentem najlepszej, najsmaczniejszej i najsławniejszej gęsiny w Europie! Dlaczego Amerykanie mają swojego indyka, a my nie kultywujemy przedwojennej tradycji gęsiny na świętego Marcina? Może dlatego, że narosło wokół niej wiele mitów. Na przykład taki, że gęś to pokarm najuboższych. Przed wojną gęsi pipek wywodzący się z kuchni żydowskiej, czyli faszerowaną tartymi ziemniakami gęsią szyję, czy potrawę z gęsich wątróbek jadali najbiedniejsi.

O gęsiach, podobnie jak o kurczakach, mówi się, że są sztucznie karmione, naszpikowane hormonami i innymi świństwami. Nic podobnego! Niemal 98% gęsiej populacji hodowanej na mięso w Polsce pochodzi z Kołudy Wielkiej, a gęsi kołudzkie to ekoptaki. Nie nadają się do chowu przemysłowego, nie można ich zamknąć w wielkich halach, tak jak to się robi z brojlerami, i tuczyć paszami przemysłowymi, pobudzaczami wzrostu czy faszerować antybiotykami. Gęś kołudzka, przystosowana do polskiego klimatu i warunków paszowych, biega sobie po podwórku nawet w srogi mróz i je, co chce. Na 3–4 tygodnie przed jesiennym ubojem karmi się ją wyłącznie owsem, którego ziarno przewyższa wartością odżywczą pozostałe gatunki zbóż. Nieprawdziwe jest także twierdzenie, że gęsina jest tłusta! Tuszka kurczaka zawiera 9% tłuszczu (9 g w 100 g mięsa), najchudsza wieprzowina (z polędwicy) – przeszło 10%, a mięso młodych polskich gęsi owsianych – zaledwie 4%! W dodatku tłuszcz gęsi składa się w większości z dobroczynnych kwasów nienasyconych, podobnych do tych, które możemy znaleźć w oliwie czy innych olejach jadalnych. Taki tłuszcz pozostały po biesiadzie też jest nie lada przysmakiem. Zmieszany z kawałkami mięsa tworzy pyszny smalczyk – z francuskiego „rillettes". Można go przechowywać w lodówce nawet kilka miesięcy i używać do smażenia kurczaków czy – jeszcze lepiej – kaczek.

8 osób

średnio trudne

1 gęś (do 5 kg), olej rzepakowy, 6 ząbków czosnku, 4 łyżki suszonego majeranku, 4 kwaśne jabłka, 1/2 szklanki śmietanki 18%, sól, pieprz

Kopytka: 1 kg ugotowanych ziemniaków, 3 garści liści świeżego szpinaku, 1/2 szklanki gorącej wody, 1 szklanka (lub ciut więcej) mąki, szczypta gałki muszkatołowej (najlepiej świeżo startej, ale może też być mielona), 1 jajko

Kapusta: 1 główka czerwonej kapusty, 2 czerwone cebule, 1/2 szklanki mrożonej lub suszonej żurawiny, 2 łyżki miodu, 2 łyżki oleju rzepakowego, 1 czubata łyżka masła, sól

Gęś myjemy, osuszamy papierowym ręcznikiem, nacieramy na zewnątrz i w środku olejem wymieszanym z solą, rozgniecionym czosnkiem, pieprzem i majerankiem. Wstawiamy na noc do lodówki. Ziemniaki obieramy, gotujemy do miękkości.

Następnego dnia wyjmujemy gęś z lodówki i nadziewamy ją jabłkami obranymi ze skórki, pozbawionymi gniazd nasiennych i pokrojonymi w ósemki. Przekładamy do brytfanny, do której wlewamy 2–3 szklanki wody (gęś będzie się piekła w soczystej kąpieli). Czas pieczenia zależy od wielkości tuszki – mniej więcej 45 minut na każdy kilogram mięsa. Co godzinę obracamy gęś na drugą stronę; jeśli się mocno zarumieni, można ją przykryć folią aluminiową.

Ugotowane poprzedniego dnia ziemniaki przeciskamy przez praskę. Szpinak z ciepłą wodą blendujemy na gładki krem. Ziemniaki mieszamy z mąką i gałką muszkatołową, wbijamy jajko, dodajemy purée szpinakowe i zagniatamy ciasto. Jeśli zbyt mocno klei się do rąk, dodajemy nieco mąki, jeśli będzie zbyt twarde – dolewamy trochę wody. Ciasto dzielimy na kilka kawałków, z każdego formujemy na stole rulonik i ukośnie wykrawamy kopytka, które wrzucamy na wrzącą, osoloną wodę. Po 1 minucie od wypłynięcia wyjmujemy z wody.

Cebulę obieramy, kroimy w piórka, podsmażamy na patelni na oleju. Kapustę szatkujemy (ręcznie lub na mandolinie), dodajemy sól i gnieciemy rękoma. Do garnka wkładamy cebulę, kapustę, żurawinę, miód i masło, podlewamy 1 szklanką wody i dusimy ok. 1 godziny, mieszając i, jeśli trzeba, podlewając wodą. Kapusta powinna być delikatnie słodko-kwaśna.

Gęś wyjmujemy z piekarnika, dajemy jej odpocząć 5–7 minut, po czym zdejmujemy z niej mięso. Mniej więcej 1 szklankę soku z pieczenia (wody wymieszanej z tłuszczem i przyprawami) wlewamy do garnka, dodajemy 3–4 łyżki jabłek z wnętrza gęsi oraz śmietankę i miksujemy na gładki sos. Podgrzewamy, doprawiamy solą, pieprzem i majerankiem.

Na talerzu robimy spory kleks sosu, układamy na nim kopytka, obok mięso gęsie polane sosem oraz czerwoną kapustę.

Jak kupować gęsinę?

Gęś świeża to w sklepach rzadkość. Jeśli się pojawia, to jesienią, gdy rozpoczyna się sezon na gęsi. Mrożona (w całości lub w kawałkach) jest dostępna w niektórych sklepach przez całą późną jesień i zimę. Wytrawni kucharze twierdzą, że mrożenie ma pozytywny wpływ na gęsinę, bo powoduje jej kruszenie.
Co do pasztetów gęsich i smalców – nawet gdy mają napisy „exclusive" lub „wykwintny", warto sprawdzać ich skład, bo mięsa gęsiego zwykle w nich ze świecą szukać, za to króluje MOM (mięso oddzielone mechanicznie, czyli przemielone kupry, skóry i chrząstki, zatopione w morzu tłuszczu wieprzowego i chemicznych dodatków).

Schabowy w maślance,

purée z ziemniaków i kapusty kiszonej, mizeria miętowa

I jak tu odzwyczajnić kultową potrawę Polaków, czyli schabowego? Owszem, można go panierować w orzechach, płatkach kukurydzianych, mielonych nasionach, ale jak dla mnie, te panierki bardzo chłoną tłuszcz i jeszcze zwiększają kaloryczność nielekkiego przecież kotleta. Lepszym rozwiązaniem wydaje się więc tylko dorzucenie do tradycyjnej bułki tartej trochę czarnuszki i pestek słonecznika; taka panierka staje się wtedy bardziej krucha. Kotlety schabowe najlepiej smakują, gdy usmażymy je na smalcu.

8 osób
łatwe

1 kg schabu, 750 ml maślanki, 2 ząbki czosnku, sól, 3/4 szklanki mąki, 2 jajka, 3/4 szklanki bułki tartej, 4 łyżki czarnuszki, 4 łyżki pestek słonecznika, smalec do smażenia

Purée z ziemniaków i kapusty kiszonej: 1 kg ziemniaków, 1 szklanka kapusty kiszonej dobrej jakości, sól, szczypta gałki muszkatołowej (najlepiej świeżo startej, ale może też być mielona), 1 łyżka masła, 1/4 szklanki śmietanki 18%

Mizeria miętowa: 2 ogórki, 6 łyżek jogurtu naturalnego, szczypta cukru, sól, kilka listków mięty

Jak kupować schab?

Najlepiej świeży, na wagę, z kością, która jest dodatkowym nośnikiem smaku. Mięso powinno być różowe i dość sprężyste. Nigdy blade, miękkie, cieknące ani też ciemne, suche i twarde. W sklepach można kupić schab wyprodukowany w systemie jakości QAFP – smaczniejszy od przemysłowego. Swą kruchość schab zawdzięcza marmurkowatości, czyli zawartości tłuszczu śródmięśniowego. Są to białe „niteczki", które widzimy w przekroju plastra mięsa; podczas smażenia „niteczki" te wytapiają się, dodając smaku i soczystości.

Schab myjemy, kroimy w plastry, rozbijamy na cienkie kotlety (nie powinny być grubsze niż na 1 cm). Zalewamy maślanką wymieszaną z roztartym czosnkiem i zostawiamy tak na co najmniej godzinę. Wyjmujemy, osuszamy papierowym ręcznikiem, solimy. Każdy kotlet obtaczamy najpierw w mące (należy docisnąć, ale jednocześnie strzepać jej nadmiar), potem w rozkłóconym widelcem jajku (strzepnąć jego nadmiar), w końcu w bułce wymieszanej z czarnuszką i pestkami słonecznika. Rozgrzewamy smalec na patelni i smażymy kotlety.

Ziemniaki obieramy, gotujemy do miękkości, ubijamy tłuczkiem, dodajemy sól, gałkę muszkatołową, masło, śmietankę i poszatkowaną jak najdrobniej kapustę kiszoną. Podgrzewamy w garnku, cały czas mieszając. Jeśli purée będzie zbyt gęste, można dolać soku z kapusty.

Ogórki obieramy, kroimy w cienkie plasterki, mieszamy z jogurtem doprawionym lekko solą i cukrem. Posypujemy posiekanymi listkami mięty.

Schabowe podajemy przekrojone na pół na purée z ziemniaków i kapusty z mizerią w osobnym naczynku.

Polędwiczki z sosem

śliwkowym, ziemniaki z rozmarynem, brokuły z czosnkiem

Gdy słyszę hasło „polędwiczka wieprzowa", myślę: ale nuda! To niezły kawałek mięsa, bardzo lubiany przez Polaków, ale mam wrażenie, że bardzo zgrany. No bo ile można jeść polędwiczki w sosie serowym albo grzybowym, albo ze szpinakiem i suszonymi pomidorami? Korciło mnie jednak, by klasycznemu zestawieniu kuchni polskiej: wieprzowina plus śliwka, dodać trochę więcej smaku i koloru. I tak powstał w mojej głowie ten przepis. Śliwki są w nim świeże i okraszone kieliszkiem śliwowicy. Jak się bawić, to na całego!

Jak kupować polędwiczki?

Polędwiczki powinny mieć ładny różowy kolor i przyjemny „mięsny" zapach. Omijamy te obeschnięte i z plamami. Smaczniejsze będą węższe i mniejsze, bo pochodzą z młodszych zwierząt. Lepiej wybierać oczyszczone, bez błonek i zbędnego tłuszczu, by potem nie trzeba było ich czyścić w domu. Jeśli w sklepie mamy wybór, kupujmy polędwiczki ze znakami jakości PQS (Pork Quality Standard) i QAFP (Quality Assurance for Food Products).

8 osób

łatwe

2 spore polędwiczki wieprzowe, 15 śliwek węgierek (mogą być mrożone), 3/4 szklanki śmietanki 18%, 1 łyżka powideł śliwkowych, 1 kieliszek śliwowicy, 2 łyżki oleju rzepakowego, sól, pieprz (opcjonalnie)

Ziemniaki: 1 kg ziemniaków, 1 łyżka oleju rzepakowego, 2 łyżki suszonego rozmarynu lub 2–3 gałązki świeżego, sól, pieprz

Brokuły: 1 brokuł, 1 łyżka oleju rzepakowego, 1 łyżka masła, 2 ząbki czosnku

Przygotowywanie tej potrawy zaczynamy od ziemniaków, gdyż pieką się dłużej niż mięso. Ziemniaki obieramy, kroimy na nieduże kawałki (takie na jeden kęs), smarujemy olejem, przyprawiamy solą i pieprzem, posypujemy rozmarynem i pieczemy 40 minut w piekarniku w temperaturze 180°C.

Polędwiczki myjemy, osuszamy, obieramy z twardych błonek i solimy. Na patelni rozgrzewamy olej, obsmażamy krótko (przez kilka minut) mięso na każdej ze stron. Zdejmujemy z patelni, wkładamy do naczynia żaroodpornego, podlewamy tłuszczem z patelni wymieszanym z wodą i pieczemy 15–20 minut w temperaturze 180°C. Mięso wyjmujemy, dajemy mu 5 minut odpocząć. Na patelnię, na której je podsmażaliśmy, wrzucamy umyte, wypestkowane i pokrojone w ósemki śliwki. Podsmażamy je przez kilka minut, aż zmiękną, i zdejmujemy z patelni. Sok z naczynia żaroodpornego, w którym piekły się polędwiczki, zlewamy na patelnię po śliwkach, dodajemy śmietankę, powidła śliwkowe i śliwowicę. Zagotowujemy sos, mieszając rózgą. Jeśli ktoś lubi, może dodatkowo doprawić go solą i pieprzem.

Brokuł myjemy, dzielimy na różyczki, a następnie rwiemy je na mniejsze części (na jeden kęs). Na patelni rozgrzewamy masło i olej, wrzucamy brokuły, podsmażamy ok. 7 minut. Na końcu dodajemy przeciśnięty przez praskę czosnek. Mieszamy i zdejmujemy z patelni.

Polędwiczki kroimy w plastry, polewamy sosem. Obok układamy śliwki, ziemniaki i brokuły.

Żeberka śliwkowe

z sałatką ziemniaczaną i coleslawem z czerwonej kapusty

Czyli trochę Ameryki w kraju nad Wisłą. Po drugiej stronie Atlantyku żeberka są ulubionym daniem, zwłaszcza pieczone na grillu. Bejcuje się je bardzo słodkim sosem na bazie keczupu, miodu i octu winnego, doprawianym czosnkiem, chili oraz tabasco. I piecze na złoto, długo i cierpliwie, by mięso stopniowo pokryło się warstwą sosu. W kuchni polskiej żeberka zwykliśmy dusić: na Mazowszu z cebulą i liśćmi laurowymi, na Śląsku z kiszoną kapustą, w Kujawsko-Pomorskiem z chrzanem. Na Warmii jada się czarne żeberka ze śliwkami i jabłkami. I niech one, oprócz ich amerykańskich kuzynek, będą inspiracją do tego przepisu.

4 osoby
łatwe

1 kg żeberek wieprzowych, 5 łyżek powideł śliwkowych, 5 łyżek koncentratu pomidorowego, 4 łyżki octu winnego lub jabłkowego, 1 łyżeczka słodkiej papryki, kilka kropli tabasco lub 1/2 łyżeczki chili (lub szczypta pieprzu cayenne), 2 łyżki suszonego majeranku, 3 ząbki czosnku, 1 cebula, olej do smażenia, sól, pieprz

Sałatka ziemniaczana: 1 kg ziemniaków, 2 średnie ogórki kiszone, 1 spora czerwona cebula, 2 małe jabłka, 1/2 pęczka koperku, 3 łyżki jogurtu naturalnego, 3 łyżki majonezu, sól, pieprz

Coleslaw: 1/2 główki czerwonej kapusty, 2 średnie marchewki, 1 biała cebula, 1 pęczek świeżej kolendry, 2 łyżki jogurtu naturalnego, 1 czubata łyżka majonezu, szczypta cukru, sól, pieprz

Żeberka myjemy, solimy, wrzucamy na patelnię na rozgrzany olej i obsmażamy z obu stron na złoto. Zdejmujemy z patelni, lekko studzimy, po czym ściągamy wewnętrzną twardą błonę (od strony kości na całej długości żeberek). Na patelnię dolewamy trochę oleju i wrzucamy pokrojoną w kosteczkę cebulę. Podsmażamy ją na złoto, przekładamy do garnka i zalewamy 1 szklanką wody. Dodajemy powidła, koncentrat, ocet. Doprawiamy solą, pieprzem, majerankiem, słodką papryką, tabasco lub chili. Gotujemy ok. 20 minut, pod koniec dodajemy rozgnieciony czosnek. Sos powinien być gęsty, dość słodki, ale też kwaśny i pikantny jednocześnie. Żeberka układamy w naczyniu żaroodpornym, smarujemy z obu stron (za pomocą pędzla kulinarnego) sosem. Podlewamy odrobiną wody. Pieczemy w temperaturze 160°C przez 2–3 godziny, co jakiś czas bejcując je sosem, przewracając i podlewając wodą. Mniej więcej po godzinie warto żeberka przykryć folią aluminiową, żeby się nie spaliły i zbytnio nie wysuszyły.

Ziemniaki na sałatkę gotujemy – najlepiej zrobić to poprzedniego dnia (ważne, by nie były supermiękkie, bo się rozpadną). Kroimy w grubą kostkę. Cebulę obieramy i siekamy w malutką kosteczkę. Podobnie siekamy ogórki kiszone. Jabłka obieramy ze skórki, wydrążamy gniazda nasienne i ścieramy na tarce na grubych oczkach. W miseczce mieszamy jogurt z majonezem, dodajemy do sałatki. Jeśli trzeba, przyprawiamy ją solą i pieprzem. Na końcu wrzucamy niezbyt drobno pokrojone gałązki świeżego koperku i całość starannie mieszamy.

Kapustę i cebulę kroimy w piórka (najlepiej na mandolinie); marchewkę obieramy i ścieramy na tarce na grubych oczkach. Jogurt mieszamy z majonezem. Do miski wrzucamy kapustę, solimy i lekko zgniatamy rękoma. Dodajemy marchewkę i cebulę, mieszamy. Zalewamy sosem jogurtowym, doprawiamy pieprzem i cukrem do smaku. Posypujemy posiekaną kolendrą.

Żeberka wyjmujemy z piekarnika, polewamy ciepłym sosem i podajemy od razu z sałatkami ziemniaczaną i kapuścianą.

Jak kupować żeberka?

Najlepiej kupować żeberka pocięte na paski o szerokości ok. 5 cm. Mają więcej mięsa i są bardziej kruche. Żebra trójkąty (z mostka) są twardsze, mają większe kości. Podczas kupowania mięsa sprawdzamy zapach, kolor i konsystencję. Żeberka najwyższej jakości mają niewielki przerost tłuszczu i jasnoróżowy kolor. Pachną świeżo, są jędrne i lekko błyszczące.

Minikotlety mielone

z sosem czosnkowo--ogórkowym, purée z groszku, obsmażana marchewka

Kotlet mielony to moje ulubione danie z dzieciństwa – z ziemniakami, marchewką z groszkiem albo zasmażanymi buraczkami. W Polsce coraz częściej wypierany przez amerykańskiego kuzyna – hamburgera, który w wersji lepszej jakościowo niemal z dnia na dzień z symbolu amerykańskiej tandety i globalnej masówki awansował na kultowe danie lemingów, lokalesów i hipsterów. To trochę przez niego zapomnieliśmy o starym, dobrym kotlecie mielonym, który pewnie też nam się nieco przejadł. A gdyby przyrządzić go nieco inaczej?

4 osoby
łatwe

500 g mielonej cielęciny, 1 cebula, 1/2 czerstwej kajzerki, mleko do namoczenia bułki, 1 jajko, 2 czubate łyżki kwaśnej śmietany 18%, 2 łyżki majeranku, sól, pieprz, bułka tarta do panierowania, olej do wysmarowania naczynia żaroodpornego

Purée z groszku: 500 g mrożonego groszku, 1 łyżka masła, gałka muszkatołowa (najlepiej świeżo starta), sól, pieprz

Marchewka: spory pęczek młodej marchewki (lub 500 g starej), 1 czubata łyżka masła, 1 łyżeczka miodu, 1/2 łyżeczki soku z cytryny, sól, kilka gałązek świeżego tymianku do posypania

Sos czosnkowo-ogórkowy: 1 i 1/2 szklanki jogurtu greckiego, 1 duży ogórek (lub 2–3 gruntowe), 2 ząbki czosnku, sól, cukier

Bułkę namaczamy w mleku na ok. 15 minut. Cebulę obieramy, ścieramy na tarce na najmniejszych oczkach i dodajemy do mielonej cielęciny. Wbijamy jajko, wrzucamy majeranek, odciśniętą w dłoniach bułkę, przyprawiamy do smaku solą i pieprzem. Zaczynamy wyrabiać, dodając po trochu śmietanę. Wyrabiamy mięso tak długo i energicznie, aż stanie się elastyczne, gładkie i nie będzie lepić się do rąk. Formujemy w dłoniach małe kulki, obtaczamy je delikatnie w bułce tartej i układamy w naczyniu żaroodpornym posmarowanym delikatnie olejem. Zapiekamy 30–40 minut w temperaturze 175°C.

Groszek wrzucamy do garnka, zalewamy niewielką ilością wody (tak, by zakryła ziarenka) i gotujemy do miękkości 15–20 minut. Miksujemy blenderem (najlepiej kielichowym) na gładkie purée. Doprawiamy masłem, gałką muszkatołową, solą i pieprzem.

Marchewki myjemy. Jeśli są bardzo młode, wystarczy wyszorować je szczoteczką; trochę starsze delikatnie obieramy obieraczką. Uwaga: zostawiamy zielone ogonki długości ok. 2 cm. Przekrawamy marchewki wzdłuż na pół, wrzucamy na patelnię, na rozgrzane masło, i podsmażamy. Podlewamy wodą, dusimy do miękkości. Gdy woda odparuje, dodajemy miód i sok z cytryny. Gdy miód się skarmelizuje i oblepi marchewkę lekko brązowym sosem – solimy. Jeśli marchewka jest gruba i stara, można ją pokroić wzdłuż w cienkie plastry i przedłużyć czas duszenia o kilka czy nawet kilkanaście minut, i dopiero dodać miód.

Ogórek obieramy, ścieramy na tarce na grubych oczkach, odciskamy wodę, dodajemy do jogurtu. Doprawiamy zmiażdżonym czosnkiem, solą i odrobiną cukru.

Na środku każdego talerza układamy kulki cielęciny, obok – karmelizowaną marchewkę posypaną listkami tymianku. Robimy smugę z purée z groszku. Sos czosnkowo--ogórkowy podajemy osobno.

Jak kupować mięso mielone?

Najlepiej kupić w sklepie łopatkę, szynkę wieprzową czy kawałek wołowiny i poprosić o ich zmielenie na miejscu lub zrobić to samemu w domu. Jeśli takiej możliwości nie ma, pozostają nam mięsa mielone paczkowane. Warto sprawdzać ich skład. Tak, tak, mięsa mielone są podrabiane – dolewa się do nich wodę, dorzuca soję, błonnik roślinny (pszenny, grochowy, bambusowy). Do tego dosypuje konserwanty i stabilizatory. Zawartość białka powinna być jak największa (najlepiej porównać mięsa mielone różnych producentów), a tłuszczu – jak najmniejsza.

Gołąbki cielęce

w kapuście włoskiej z czerwonym ryżem, podawane z pesto koperkowym i sosem ze świeżych pomidorów

Gołąbki, czyli jak mawia mój znajomy: „niezwykle smaczne ptaki w liściach", zwane też faszerowaną kapustą albo zawijońcami, znane są nie tylko u nas, ale także na Słowacji, w Czechach, w Rosji, na Litwie, a nawet w Skandynawii. Choć rzeczywiście uznaje się je za potrawę typowo polską.
Co ciekawe, w różnych regionach kraju istnieją ich oryginalne wersje. Małopolskie „zawijońce" ze Strojcowa faszerowane są ziemniakami i polewane sosem grzybowym. W Wielkopolsce skosztować można gołąbków z kaszą i grzybami, na Podkarpaciu – z tartymi ziemniakami i kaszą lub pęczakiem i grochem, a w Warszawie w wielu domach przyrządza się je bez ryżu (tak robi je moja mama). Jednak najpopularniejsze i najbardziej klasyczne są te z mięsem i ryżem.

8 osób
średnio trudne

1 średnia główka kapusty włoskiej, 1 mała główka kapusty czerwonej, 750 g mielonej cielęciny lub wieprzowiny (lub mieszanki wieprzowo-cielęcej), 1/2 szklanki ryżu czerwonego, 1 duża cebula, 1 łyżka oleju, 2 łyżki kwaśnej śmietany, sól, pieprz, 1,5 l wywaru warzywnego

Sos ze świeżych pomidorów: 1 kg świeżych pomidorów, 1 łyżka masła, szczypta cukru, sól

Pesto koperkowe: duży pęczek koperku, olej rzepakowy do zalania koperku, 1 ząbek czosnku, kilka orzechów włoskich, cukier i sól do smaku

Ryż gotujemy według wskazówek na opakowaniu. Cebulę obieramy, kroimy w jak najmniejszą kostkę, wrzucamy na rozgrzany na patelni olej i podsmażamy na złoto. Ostudzoną cebulę i ryż wrzucamy do mięsa. Dodajemy śmietanę, doprawiamy solą i pieprzem, wyrabiamy ok. 5 minut, aż mięso stanie się gładkie i elastyczne i nie będzie przywierać do dłoni.

Z główek kapusty wykrawamy głąby. By zmiękczyć liście, wkładamy je do garnków z wrzącą, osoloną wodą albo (prostszy sposób) podgrzewamy 7–10 minut w mikrofalówce. Liście studzimy, wykrawamy twarde części. Na dużym liściu kapusty włoskiej kładziemy mniejszy liść kapusty czerwonej, a do jego środka – mięso. Zaginamy najpierw boki, a potem ciasno zwijamy gołąbki. W naczyniu żaroodpornym kładziemy na dnie trochę pozostałych liści kapusty włoskiej i na takim „posłanku" układamy ściśle gołąbki. Zalewamy wywarem warzywnym, przykrywamy folią aluminiową i wstawiamy na godzinę do gorącego (170°C) piekarnika.

Pomidory parzymy przez kilka minut we wrzątku, przelewamy zimną wodą, zdejmujemy skórę. Kroimy w grubą kostkę, podduszamy z łyżką masła przez ok. 10 minut, po czym blendujemy na gładki sos. Doprawiamy cukrem i solą.

Z dużego pęczka koperku odkładamy kilka gałązek – do posypania gołąbków. Pozostały koperek wrzucamy do blendera kielichowego, zalewamy olejem rzepakowym, dodajemy czosnek, orzechy włoskie, odrobinę cukru i soli i blendujemy na niezbyt gładkie pesto.

Gołąbki podajemy w głębokim talerzu, otoczone z jednej strony czerwonym sosem pomidorowym, a z drugiej – zielonym pesto. Posypujemy koperkiem.

Jak kupować ryż?

W sklepach ryżu do wyboru, do koloru. Nic dziwnego, bo odmian ryżu jest 150 tysięcy! Zacznijmy od długości ziaren. Drobnoziarnisty szybko wchłania wodę, po ugotowaniu się klei. Świetny jest do sushi, risotto i paelli. Długoziarnisty mniej wchłania wodę, bo ma mniej skrobi, po ugotowaniu jest sypki. Dobry do zup i sałatek.
Kolor również ma znaczenie. Biały poddawany jest procesowi tzw. polerowania, przez co jest najuboższy w składniki odżywcze. Brązowy – niepolerowany, zawiera błonnik, magnez, żelazo oraz witaminy z grupy B. Czerwony – niełuskany, jest bardzo podobny do brązowego, bogaty w cenne składniki odżywcze. Czarny, zwany też dzikim – dodatkowo zawiera antocyjany, czyli przeciwutleniacze pomocne w walce z nowotworami. Ciekawostką jest fakt, że pochodzi z Ameryki i nie jest ryżem, ale rodzajem dzikiego owsa wodnego. W sklepach można też spotkać inne rodzaje ryżu: parboiled, czyli częściowo ugotowany ryż biały długoziarnisty; basmati – ryż indyjski długoziarnisty, biały lub brązowy o lekko orzechowym zapachu i smaku; tajski ryż jaśminowy – biały, o kwiatowym aromacie, lekko słodki; arborio – ryż włoski, oczyszczony, idealny na risotto, i japoński ryż kleisty – o małych, okrągłych ziarnach, zawierający dużo skrobi, klei się po ugotowaniu, ma lekko słodki smak, idealny do sushi.

Eskalopki cielęce

w sosie kurkowym na białym winie z tagliatelle pełnoziarnistym i wstążkami cukinii

Cielęcina to jedno z najdroższych, ale i najsmaczniejszych mięs. W połączeniu z kurkami i białym winem tworzy klasyczne trio smakowe. To danie nieodłącznie kojarzy mi się z wakacjami – dzieci biegną po świeże kurki do lasu, a dorośli gotują i popijają schłodzone białe wino. Kurki daje się mrozić, więc w sumie smak lata może towarzyszyć nam dłużej.

4 osoby
średnio trudne

500 g cielęciny, 2 łyżki masła, odrobina mąki pszennej, 1 duża cebula, 500 g kurek, 1/2 szklanki śmietanki 18%, 1/2 szklanki białego wytrawnego wina, 1 duży ząbek czosnku, pęczek koperku, 1 łyżeczka oliwy truflowej (opcjonalnie), sól, pieprz

Tagliatelle: 2 szklanki mąki pełnoziarnistej (razowej), 1 jajko, 1/2 szklanki ciepłej wody, olej rzepakowy (opcjonalnie), sól, 1 duża cukinia (lub 2 małe), 1 łyżka masła, sól, gałka muszkatołowa (najlepiej świeżo starta)

Cielęcinę kroimy w cienkie plastry, delikatnie rozbijamy tłuczkiem, oprószamy lekko mąką, podsmażamy na łyżce masła na złoto z obu stron. Przekładamy do osobnego garnka. Na tej samej patelni rozgrzewamy kolejną łyżkę masła i wrzucamy pokrojoną w kostkę cebulę. Smażymy na złoty kolor, pod koniec smażenia wrzucamy umyte i oczyszczone kurki. Podsmażamy jeszcze ok. 15 minut. Przekładamy do garnka z eskalopkami, dolewamy śmietankę i wino i dusimy ok. 30 minut. Na koniec dorzucamy pokrojony koperek i rozgnieciony ząbek czosnku, doprawiamy solą i pieprzem. Można dodać odrobinę oliwy truflowej, by podbić zapach kurek.

Z mąki i jajka z dodatkiem 1/2 szklanki ciepłej wody (uwaga: trzeba ją wlewać bardzo ostrożnie!) zagniatamy ciasto – powinno być elastyczne, a jednocześnie dość twarde. Wyrabiamy je przez kilka minut, po czym dzielimy na trzy części. Każdą część rozwałkowujemy na dość cienki placek, podsypując mąką. Jeśli ciasto będzie zbyt twarde, można dodać trochę wody lub oleju rzepakowego. Rozwałkowane placki układamy na stolnicy. Gdy przeschną, kroimy je w paski o szerokości 1 cm. Makaron gotujemy we wrzącej, osolonej wodzie.

Cukinię myjemy, kroimy wzdłuż na wstążki za pomocą obieraczki do warzyw. Na patelni rozgrzewamy masło, wrzucamy cukinię, dolewamy odrobinę wody i dusimy pod przykryciem ok. 5 minut. Oprószamy solą i gałką muszkatołową.

Eskalopki podajemy ze wstążkami makaronu wymieszanymi ze wstążkami cukinii, polane sosem kurkowym.

Jak kupować cielęcinę?

Cielęcina jest delikatna, pozbawiona włókien i bardzo smaczna. Najlepsza pochodzi od cieląt 4–8-tygodniowych. Zawiera mało tłuszczu, jest lekkostrawna, bogata w białko, żelazo, potas, cynk oraz witaminy z grup D i B. Ma znacznie jaśniejszą barwę niż wołowina, bo pozyskuje się ją z młodych sztuk, a poza tym kolor mięsa zależy od sposobu hodowania i karmienia cieląt. Zwierzęta karmione paszą o niskiej zawartości żelaza i trzymane w boksach, które ograniczają ich ruch, dostarczają mięso o jasnej barwie. Jeśli natomiast żywią się zieloną paszą na pastwiskach, to żelazo sprawia, iż mięso staje się bardziej czerwone. Kupując cielęcinę, powinniśmy zwracać uwagę na jej zapach i sprężystość, a także na datę przydatności do spożycia.

Zrazy wołowe

z ziołowymi kluskami śląskimi i mizerią chrzanową

Przeciętny Polak jada mało wołowiny. Zaledwie 1,5 kg rocznie, podczas gdy drobiu 25 kg, a wieprzowiny aż 38 kg! Wołowina uchodzi za twardą, suchą, trudno dostępną i potwornie drogą. Nic dziwnego więc, że chociaż Polska jest jednym z największych producentów wołowiny w Europie, przeszło 80% tego mięsa trafia na rynki zagraniczne. Szkoda. Nie trzeba przecież jeść go codziennie (w ogóle dietetycy zalecają jedzenie mięsa kilka razy w tygodniu), ale dobry stek, hamburger czy zraz od czasu do czasu jest miłym i pysznym urozmaiceniem.

4 osoby
średnio trudne

500 g wołowiny w kawałku (na pieczeń), 3 łyżki musztardy francuskiej (z całymi ziarnami gorczycy), 2 ogórki kiszone (najlepiej małosolne), 1 gruszka, kilka gałązek świeżego lubczyku lub koperku, 2 łyżki oleju rzepakowego, sól, pieprz

Sos: 2 szklanki bulionu warzywnego, 1 cebula, 2 ząbki czosnku, 1 płaska łyżka masła, garść suszonych grzybów, kilka pieczarek, 1/2 szklanki śmietanki 18%, sól, pieprz

Kluski śląskie: 500 g ziemniaków (ugotowanych poprzedniego dnia), 1 jajko, 4 łyżki mąki (najlepiej ziemniaczanej), szczypta gałki muszkatołowej (najlepiej świeżo startej, ale może też być mielona), kilka gałązek szczypiorku, koperku, natki pietruszki, lubczyku, rozmarynu (co tam mamy w ogródku), sól

Mizeria chrzanowa: 2 ogórki, 4 łyżki jogurtu naturalnego, 1 łyżeczka chrzanu (może być więcej, w zależności od mocy chrzanu), szczypta cukru, sól

Mięso kroimy na cienkie plastry, rozbijamy tłuczkiem, by było jeszcze cieńsze i bardziej kruche. Przyprawiamy solą i pieprzem z obu stron. Kiszone ogórki kroimy na ćwiartki. Gruszkę obieramy, wyjmujemy gniazdo nasienne, kroimy w długie paski. Każdy plaster mięsa smarujemy musztardą, układamy na nim ćwiartkę ogórka, kawałek gruszki, gałązkę lubczyku. Zawijamy i spinamy wykałaczką. Obsmażamy krótko na oleju, zdejmujemy z patelni.

Cebulę obieramy, kroimy w kostkę, podsmażamy na patelni na maśle. Wrzucamy pokrojone, wcześniej namoczone (co najmniej godzinę przed przygotowywaniem) grzyby leśne, a po 10 minutach – pieczarki. Podsmażamy, aż grzyby zmiękną i nabiorą pięknego złocistego koloru. Wtedy dodajemy zmiażdżony czosnek, krótko podsmażamy i zalewamy całość bulionem.

W naczyniu żaroodpornym układamy zrazy, zalewamy je zawartością patelni. Pieczemy mniej więcej 2 godziny pod przykryciem (może być z folii aluminiowej), co jakiś czas do nich zaglądając, by dolać wody i przewrócić je na drugi bok. Gdy zrazy będą miękkie, sos przelewamy do garnuszka, zabielamy śmietaną, doprawiamy solą i pieprzem.

Ziemniaki obieramy, kroimy na kawałki i wrzucamy do osolonego wrzątku. Gdy będą miękkie, odcedzamy, przeciskamy przez praskę i zostawiamy do ostygnięcia. Do zimnych dodajemy jajko, mąkę, drobno posiekane zioła i gałkę muszkatołową. Zagniatamy ciasto i – podsypując mąką – formujemy w niecce spłaszczone kuleczki z charakterystycznym dołkiem w środku. Gotujemy je krótko w osolonej wodzie – gdy tylko wypłyną, wyjmujemy z wody.

Ogórki obieramy, kroimy w plastry. Jogurt mieszamy z cukrem, odrobiną soli i chrzanem. Łączymy z ogórkami. Na talerzu układamy zrazy polane sosem, obok kluski. Mizerię serwujemy w osobnych naczyniach.

Jak kupować wołowinę?

W polskich sklepach sprzedaje się głównie wołowinę z krów mlecznych – starych sztuk. Jest ona twarda i żylasta. Na szczęście coraz częściej można spotkać (nawet w dyskontach) wołowinę bardzo dobrej jakości, tzw. mięsną, i o taką pytajmy sprzedawców. Dobra wołowina ma jasnoczerwoną barwę (krwawe wybroczyny dyskwalifikują mięso), jasnokremowy tłuszcz i przyjemny „mięsny" zapach. Ciemnoczerwona, wyschnięta, pokryta żylastym tłuszczem, wydzielająca mętny sok stara wołowina nie nadaje się do spożycia. Wołowina wysokiej jakości jest lekko wilgotna, a po naciśnięciu palcem szybko wraca do poprzedniego kształtu, innymi słowy – „sprężynuje".

Sarna w nalewce

wiśniowej z babką gryczaną i buraczkami z rozmarynem

Dziczyzna – aromatyczna, pyszna, zdrowa. Ma znacznie mniej tłuszczu niż wieprzowina czy wołowina. Jeśli tylko to możliwe, warto włączyć ją do odświętnego menu, zwłaszcza zimą. Tu podaję przepis na sarnę, ale w podobny sposób można przygotować pieczeń z dzika lub jelenia. Kluczową rzeczą podczas przyrządzania dziczyzny jest marynata. Gdy jeden z kanadyjskich parlamentarzystów, zapalony myśliwy, podczas wizyty w naszym domu dowiedział się, że bardzo lubię gotować, przysłał nam comber z jelenia. Niewiele myśląc, zaprosiliśmy go wraz z rodziną na kolację. Nasz gość zaznaczył wtedy, że jego żona, Polka zresztą, dziczyzny nie jada. Na kolację przygotowałam więc dwa dania główne – jelenia i wieprzowinę. Jakie było moje zdziwienie, gdy pani Agnieszka spróbowała obu mięs i powiedziała: „Mąż nigdy nie przyrządza dziczyzny tak smacznej i miękkiej, w jego wykonaniu jest sucha i twarda!". Po krótkiej rozmowie okazało się, że nie wkładał mięsa w marynatę!

4 osoby
średnio trudne

500 g świeżej szynki sarniej (można ją zastąpić mrożoną, ale wtedy czas marynowania trzeba skrócić do 24 godzin po rozmrożeniu mięsa), 500 ml octu winnego (może być pośledniej jakości), 500 ml czerwonego wytrawnego wina, 4 ząbki czosnku, 3 liście laurowe, 4 ziarenka jałowca, 2 łyżki suszonego majeranku, 1 łyżka suszonego cząbru, 1 duża cebula, 1 łyżka masła, 1/2 szklanki śmietanki 12% (z kartonika), 1/3 szklanki nalewki wiśniowej, sól, pieprz

Babka gryczana (proporcja na keksówkę): 2 szklanki kaszy gryczanej (najlepiej niepalonej), 4 szklanki wody, garść suszonych grzybów, 2 cebule, 3 jajka, 150 g kwaśnej śmietany 18%, sól, pieprz, 2 łyżki posiekanego świeżego koperku, olej do smażenia, masło do wysmarowania formy, bułka tarta do wysypania formy

Buraczki: 3 duże buraki, 1 łyżeczka oleju rzepakowego, 1 płaska łyżka oliwy, 1 płaska łyżka octu winnego, kilka gałązek świeżego rozmarynu

Ocet mieszamy z winem, podgrzewamy na średnim ogniu. Wrzucamy rozgnieciony czosnek, liście laurowe, zmiażdżone ziarna jałowca, majeranek i cząber. Zanurzamy mięso w marynacie i zostawiamy w garnku z przykrywką na blacie kuchennym na 48–72 godziny, co jakiś czas przewracając je z boku na bok, by skruszało.

Po tym czasie cebulę kroimy w piórka, podsmażamy na maśle, wkładamy wraz z mięsem do naczynia żaroodpornego i zalewamy połową marynaty. Przykrywamy i pieczemy lub dusimy sarninę, aż zmięknie (zwykle około półtorej godziny), podlewając lekko wodą, by nie była sucha.

Gdy mięso się piecze, gotujemy kaszę w 4 szklankach wody. Po mniej więcej 10 minutach, gdy kasza wchłonie wodę, zdejmujemy ją z ognia. Cebulę kroimy w drobną kostkę i podsmażamy na oleju. Pod koniec dodajemy drobno pokrojone i uprzednio wymoczone (co najmniej przez godzinę) suszone grzyby. Kaszę, grzyby z cebulą, jajka i śmietanę wkładamy do miski, starannie mieszamy, doprawiamy solą i pieprzem, dodajemy koperek i znów mieszamy. Przekładamy do przygotowanej wcześniej keksówki i pieczemy ok. 40 minut w piekarniku nagrzanym do temperatury 180°C, aż babka będzie chrupka.

Buraki smarujemy olejem rzepakowym i pieczemy półtorej godziny w temperaturze 180°C, aż zmiękną. Studzimy, obieramy, kroimy w dość drobną kostkę. Wrzucamy do miski, polewamy octem winnym i oliwą, posypujemy świeżym rozmarynem.

Sarninę wyjmujemy z naczynia i kroimy w plastry. Sos pozostały z pieczeni przelewamy do garnuszka i zagotowujemy. Dolewamy do niego śmietankę, starannie mieszamy rózgą, doprawiamy i pod koniec wlewamy nalewkę wiśniową. Gotujemy na małym ogniu jeszcze kilka minut, aż alkohol wyparuje.

Babkę gryczaną dzielimy na porcje. Na talerzu układamy podgrzane w piekarniku kawałki babki, sarninę polaną sosem i buraczki z rozmarynem.

Jak kupować dziczyznę?

Najlepiej od zaprzyjaźnionego myśliwego lub w dobrych delikatesach. Można nawet zamówić ją przez Internet. Dziczyzna, również mrożona, zachowuje charakterystyczny aromat. Na przykład mięso sarny latem ma lekko ziołowy, korzenny zapach, bo zwierzę przez kilka miesięcy żywiło się ziołami i kwiatami polnymi. Jesienią orzechowy posmak nadają mu orzeszki buczyny, żołędzie i kasztany. Mięso zwierzyny łownej zaraz po upolowaniu i oprawieniu jest twarde, dlatego musi skruszeć. Dziś to zadanie wykonują za nas zamrażarki. W sklepie lepiej więc kupować dziczyznę mrożoną. Zwracajmy jednak uwagę, czy ma ona stempel weterynaryjny lub numer. Dlaczego? Bo chociażby dziki często zarażają się pasożytem o nazwie włosień kręty (*Trichinella spiralis*). Pasożyt ten wywołuje bardzo niebezpieczną, zaleczalną, ale nieuleczalną chorobę – włośnicę (trychinozę). Jej objawami są wysoka gorączka, dreszcze, biegunki, wymioty, obrzęki twarzy i powiek. Zarazić się można, jedząc dziczyznę z nielegalnego źródła, która może być zakażona trychinami.

Pyry z gzikiem,

chrupiącym boczkiem i półpłynnym jajkiem, podawane z ogórkiem małosolnym

Kultowe danie Wielkopolan. Szybkie, proste, tanie. Świetne na postne piątki, dobre podczas upałów, gdy organizm nie domaga się zbytnio tłustego mięsa. Wielkopolska słynie nie tylko z pyr o żółtym zabarwieniu, takich odmian jak choćby Bryza czy Vineta, ale też z dobrej jakości produktów mlecznych. Sery i twarogi są tam naprawdę smaczne.

4 osoby
łatwe

4 średnie ziemniaki, 500 g twarogu półtłustego dobrej jakości, 3 łyżki śmietany 12%, 2 łyżki masła, pęczek szczypiorku, 4 jajka, 4 plastry boczku, 2 duże ogórki małosolne, sól

Ziemniaki gotujemy w mundurkach w osolonej wodzie. Wyjmujemy, po 10 minutach przekrawamy na pół, smarujemy połówki masłem i wkładamy do piekarnika na 10 minut – pieczemy w temperaturze 200°C z włączonym tylko górnym grzaniem.

Ser mieszamy ze śmietaną, solimy, dodajemy posiekany szczypiorek.

Boczek wkładamy na zimną patelnię, włączamy gaz i smażymy kilka minut na średnim ogniu, aż się odtłuści (chodzi o to, by tłuszcz się wytopił, a chrupkie kawałki mięsa zostały).

Jajka gotujemy na miękko (4 minuty), schładzamy przez chwilę w zimnej wodzie i delikatnie obieramy (uwaga: będą miękkie!).

Wyjmujemy ziemniaki z pieca, układamy po jednym na każdym talerzu. Nakładamy na nie gzik ze szczypiorkiem, potem na jednej połówce przerwane na pół jajko, a na drugiej chrupiący plaster boczku. Podajemy z połową ogórka małosolnego.

Jak kupować ziemniaki?

Wybierajmy jędrne, twarde, z napiętą skórką. Nie powinny być sine ani zielonkawe, bo to świadczy albo o tym, że zostały podmrożone, albo że mają zbyt dużo solaniny – związku chemicznego, który może powodować niestrawność i wzdęcia, a także podrażniać błonę śluzową jamy ustnej, przełyku, żołądka, a nawet wywołać stan zapalny nerek. Solanina powstaje w nieosłoniętych ziemią bulwach pod wpływem słońca. Najwięcej wartościowych składników znajduje się tuż pod skórką ziemniaków. Dlatego najlepiej obierać je cienko, gotować na parze lub w małej ilości wody (bulwy wrzucamy do wrzątku, a nie do zimnej wody), w całości lub pokrojone na duże kawałki.

Pęczotto z borowikami

i Bursztynem na białym winie

Włosi mają risotto, a my, Polacy – kaszotto, pęczotto albo jaglotto. Kasza zwykle wydaje się nam szara i nijaka w smaku. Nie robi się z niej dań wykwintnych, ale prosty krupnik czy przaśną kaszankę. Kasza, czyli jadalne nasiona zbóż, była głównym składnikiem diety staropolskiej aż do bitwy pod Wiedniem, kiedy to Jan III Sobieski przesłał Marysieńce worek ziemniaków, a ogrodnik królewski Wieńczarek zasadził ich bulwy przy pałacu w Wilanowie. Tak Rzeczpospolita z kraju kaszy stała się krainą ziemniaczaną. Tymczasem w 100 g gryczanej jest 2,2% tzw. popiołu, czyli cennych składników mineralnych, podczas gdy ziemniaki mają ich o ponad połowę mniej. Gdyby Polacy jedli tyle kaszy, co ziemniaków, byliby szczuplejsi, spokojniejsi, mieli ładniejszą skórę i włosy, lepszą odporność i rzadziej chorowaliby na raka oraz nadciśnienie. Na szczęście kasza znów zaczyna być modna, sięgają po nią zwolennicy zdrowego jedzenia i smukłej sylwetki. Kasza coraz częściej wkracza też do najlepszych restauracji i na salony. Jej wielbicielem jest Karol Okrasa, który pęczotto przygotowuje z grzybów leśnych, suszonych śliwek i koziego sera. Też pysznie!

4-5 osób
łatwe

1 i 1/2 szklanki pęczaku, 3 szklanki wody, 1 łyżka masła, 2 cebule, 400 g mrożonych prawdziwków (lub 2 spore garści suszonych), 1/2 szklanki białego wytrawnego wina, 1/2 szklanki słodkiej śmietanki 18%, 100 g sera Bursztyn, koperek do dekoracji, oliwa truflowa do polania (opcjonalnie)

Kaszę płuczemy i gotujemy z 3 szklankami wody ok. 10 minut, aż wchłonie płyn i zmięknie. Na patelni rozgrzewamy masło, wrzucamy drobno pokrojoną w kostkę cebulę i chwilę smażymy, aż będzie złota. Dodajemy pokrojone w paski grzyby mrożone lub wcześniej namoczone w niewielkiej ilości wody grzyby suszone. Podsmażamy na średnim ogniu ok. 10 minut, by zmiękły i się zarumieniły. Dolewamy wino i odparowujemy. Wrzucamy na patelnię podgotowany pęczak, dolewamy 1/2 szklanki wody i gotujemy jeszcze 7–8 minut. Wlewamy śmietankę i wrzucamy ok. 80 g startego na małych oczkach Bursztyna. Kiedy ser się rozpuści, podajemy pęczotto posypane koperem i pozostałym startym serem. Możemy też skropić je odrobiną oliwy truflowej.

Jak kupować kaszę?

Stojąc przed półką w sklepie, warto wybierać kasze takie, jak je Pan Bóg stworzył. Zatem całe, niełamane, nieprażone. Grube, czyli krupy (pęczak, gryczana i jaglana), nie będą – tak jak drobne – pozbawione warstwy aleuronowej. Co oznacza ta nazwa? Warstwę komórek znajdujących się pod zewnętrzną skórką ziaren zbóż, bogatą w białko, witaminy z grupy B i składniki mineralne, takie jak fosfor, wapń i żelazo. Kasze łamane (m.in. krakowska), które otrzymuje się, łamiąc lub tnąc wyłuskane ziarno, są nieco mniej wartościowe.

Natomiast najmniej cenne są kasze drobne (kuskus, manna oraz płatki), powstające w wyniku polerowania i obłuszczania uprzednio połamanych ziaren. Kupując kaszę w torebkach, musimy pamiętać, że ugotujemy też plastik.

Często kaszę rozgotowuje się na papkę, pozbawiając ją wartości odżywczych i podwyższając jej indeks glikemiczny, co ma wpływ na nasze biodra.

Pęczak to najzdrowsza z kasz jęczmiennych, najbogatsza w składniki odżywcze, bo to po prostu całe ziarno. Inne kasze z jęczmienia to perłowa – łamana i dodatkowo polerowana, znana też jako „kasza mazurska", oraz kasza jęczmienna łamana – otrzymywana z oczyszczonego, obłuszczonego, pokrajanego ziarna, niepolerowana. Te dwie ostatnie mogą być grube, średnie lub drobne. Im ziarno mniejsze, bardziej pokruszone, więcej zabiegów przechodzi, tym kasza mniej wartościowa dla naszego układu pokarmowego. Kasze jęczmienne zawierają dużo błonnika rozpuszczalnego o wyjątkowych właściwościach obniżania poziomu cukru i cholesterolu we krwi. Przeciwdziałają też zaparciom. Ponieważ lekko chłodzą organizm, można jeść je podczas gorączki. Mają również działanie moczopędne. Jednak grube gatunki kaszy są ciężkostrawne i mogą wpływać drażniąco na śluzówkę jelit.

Na co mają Państwo ochotę? Może być tradycyjnie – kompot lub sernik, sezonowo placek z owocami albo sernik na zimno. Makowiec-zawijaniec, opływająca bakalie kutia lub piernik na Boże Narodzenie; mazurki w wielu smakach, baby drożdżowe i paschy na Wielkanoc. Torty i szarlotki na imieniny cioci; faworki i pączki na ostatki; eklery, ptysie i bajadery na spotkanie z przyjaciółką. A może jakiś smakołyk regionalny? Szpajza czekoladowa, czyli kakaowy krem z bakaliami i żelatyną, popularna na Śląsku. Słynna wadowicka kremówka – ulubione ciastko świętego Jana Pawła II. Albo wuzetka – ukochany przez warszawiaków torcik czekoladowy z bitą śmietaną. Jeśli nadal mają Państwo problem z wyborem, polecam drożdżowe rogale świętomarcińskie z białym makiem, orzechami i lukrem – przysmak wielkopolski, wypiekany w okolicach imienin Marcina, czyli 11 listopada. Albo krakowską babkę z kaszy z bakaliami –

A NA DESER…

podobno ulubiony deser Anny Jagiellonki. Nie zapominajmy, że na koniec posiłku (i nie tylko) podawano w Polsce od wieków miody pitne, nalewki i likiery, jak choćby popularny likier jajeczny na spirytusie (ajerkoniak).

Zamiast tradycyjnych deserów i ciast można przygotować coś nowoczesnego. Na stole ambasadora RP w Ottawie furorę robiła tarta makowa na kruchym cieście z bezą i sosem wiśniowym, którą podawaliśmy przed Bożym Narodzeniem i w karnawale. Widząc „czarne ciasto", goście z naszej części Europy – Czesi, Bułgarzy czy Chorwaci – nie byli zaskoczeni, natomiast Kanadyjczycy i Amerykanie zastanawiali się, „jak to się je", ale potem głośno komplementowali. Podczas lunchu prezydenta RP z kanadyjskimi parlamentarzystami podałam na deser sernik z konfiturą z płatków róż. Kwaśny i mocno twarogowy w środku, słodki i pachnący różami na zewnątrz, przyozdobiony świeżymi płatkami królowej kwiatów, wyglądał i smakował wspaniale. Kruche placki z kwaśnymi, wyrazistymi w smaku owocami sezonowymi: agrestem, porzeczkami, śliwkami czy wiśniami (o które w Kanadzie szalenie trudno) to ulubione ciasta nie tylko naszej rodziny, ale także ambasadorowych z różnych krajów, które wielokrotnie gościłam w naszej rezydencji. Podczas tych mniej formalnych „babskich" spotkań miejsca przy stole wyznaczałam za pomocą najróżniejszych polskich słodyczy: krówek, trufli, śliwek w czekoladzie, ptasiego mleczka, informując przy okazji, że w Polsce jest przeszło 600 (!) fabryk produkujących słodkie i słone przekąski naprawdę dobrej jakości. Częstowałam ambasadorowe polskim ciastem z owocami. Potem jeszcze długo dostawałam maile z prośbą o przepisy i adresy polskich sklepów w Ottawie, w których można kupić te świetne słodycze!

Truskawki z jogurtem

i chałwą

Najszybszy, najpyszniejszy i najzdrowszy deser świata. Idealny na przyjęcia ogrodowe. Polskich truskawek reklamować nie trzeba. Nigdzie w Europie nie ma tak dobrych warunków do ich uprawy. Chłodne noce i ciepłe dni powodują, że nasze truskawki są aromatyczne, słodkie i kwaśne jednocześnie. Sezam, bogaty w przeciwutleniacze, ma silne działanie przeciwnowotworowe. Mało kto wie, że Polska jest dużym producentem chałwy, a także sezamków. Nasze słodycze na bazie sezamu można kupić w wielu kanadyjskich i amerykańskich sklepach.

4 osoby
bardzo łatwe

500 g truskawek gruntowych (można wykorzystać inne kwaśne sezonowe owoce, np. wiśnie, jeżyny, jagody, poziomki), 100 g chałwy, 8 czubatych łyżek jogurtu greckiego

Truskawki myjemy, kroimy w talarki w poprzek, tak by powstały ładne „serduszka". Wkładamy do pucharków. Na wierzchu układamy 2 łyżki jogurtu, posypujemy pokruszoną chałwą.

Jak kupować chałwę?

Chałwa może być zrobiona z sezamu, ale też z nasion słonecznika czy orzechów z dodatkiem miodu, masy karmelowej i bakalii. Warto więc zwracać uwagę na jej skład – im lista krótsza, tym lepiej. Jeśli na pierwszym miejscu wśród składników wymieniony jest cukier lub – jeszcze gorzej – syrop glukozowo-fruktozowy, lepiej zrezygnować z zakupu. Chałwa dobrej jakości składa się przede wszystkim z sezamu, słonecznika lub orzechów. Lepsza będzie ta z dodatkiem miodu niż cukru. Nie powinno być w niej konserwantów, emulgatorów, sztucznych aromatów i wypełniaczy.

Gruszki w miodzie

z bakaliami

Jeśli istnieją dietetyczne desery, to gruszka bakaliowa właśnie nim jest. Ten przepis wymyśliłam podczas pracy nad promocją nowoczesnej kuchni polskiej w największej ottawskiej gazecie „Ottawa Citizen" tuż przed świętami Bożego Narodzenia. Moim zadaniem było zaprezentowanie Kanadyjczykom tradycyjnych polskich potraw w nieco odświeżonym wydaniu. Wizja sześciogodzinnej pracy nad drożdżowym makowcem pewnie by ich zniechęciła, więc postawiłam na gruszkę. Wyszła świetnie.

4 osoby
bardzo łatwe

4 dorodne gruszki, dość twarde, z pięknymi ogonkami, 4–5 łyżek miodu, sok z 1 cytryny, skórka starta z 1 cytryny, skórka starta z 1/2 pomarańczy, 1/2 łyżeczki cynamonu, szczypta sproszkowanych goździków, garść orzechów włoskich, garść suszonych moreli, garść suszonej żurawiny, 1 łyżeczka masła

Gruszki myjemy, osuszamy papierowym ręcznikiem, przycinamy lekko z szerszej strony, żeby lepiej stały. Jeśli skórka jest bardzo twarda, można je obrać, ale lepiej smakują i wyglądają nieobrane. Cytrynę i pomarańczę starannie szorujemy. Orzechy, morele i żurawinę siekamy jak najdrobniej. Do miseczki wlewamy miód i sok z cytryny, dodajemy skórkę startą z całej cytryny i połówki pomarańczy, przyprawy oraz posiekane bakalie. Dokładnie mieszamy. Gruszki układamy na wysmarowanej masłem blasze, za pomocą pędzla lub łyżki smarujemy je miodem z bakaliami. Pieczemy ok. 40 minut w temperaturze 170°C.

Wyjmujemy z pieca, układamy na płaskich talerzach i polewamy resztą miodu z przyprawami. Na każdej gruszce zawiązujemy wstążeczkę. Podajemy z nożem i widelcem.

Jak kupować bakalie?

Suche, błyszczące, niepokruszone. Lepiej wybierać paczkowane niż sprzedawane luzem, bo na każdej torebce jest wiele ciekawych informacji, na przykład data przydatności do spożycia, kraj pochodzenia, wzmianka o dodatkach i konserwantach. Warto poszukać bakalii niesiarkowanych, bo w tych siarkowanych zastosowano silny konserwant – E220 (dwutlenek siarki). Może on obniżać zawartość witamin (A i B_1) w produktach spożywczych na skutek utlenienia, a u astmatyków powodować problemy z oddychaniem. Siarkowane bakalie powinniśmy przed zjedzeniem wymyć.

Karmelizowane brzoskwinie

z cynamonową bitą śmietaną

To szybki, prosty, zdrowy i smaczny deser. Sprawdza się również w przypadku moreli lub śliwek. Jeśli przygotowujemy go dla dorosłych, możemy sięgnąć po odrobinę nalewki brzoskwiniowej czy morelowej. Ważne jest ładne ułożenie porcji na osobnych talerzach. Podane na zbiorczym półmisku nie będą robić takiego wrażenia.

4 osoby
łatwe

8 brzoskwiń, 1/2 szklanki płatków migdałowych, 1 łyżka masła, 1 łyżka miodu, 1 kieliszek nalewki brzoskwiniowej lub morelowej (opcjonalnie), sok z 1/2 cytryny, 1 szklanka (200 g) śmietanki kremówki, 3 łyżki cukru, szczypta cynamonu

Płatki migdałowe wrzucamy na suchą patelnię i podprażamy na średnim ogniu, aż będą chrupkie i pachnące. Studzimy. Brzoskwinie myjemy, usuwamy pestki, kroimy w szesnastki. Na patelni podgrzewamy masło, wrzucamy owoce, podsmażamy. Dodajemy miód, podsmażamy jeszcze chwilę, aż brzoskwinie zaczną się karmelizować. Wlewamy nalewkę. Gdy alkohol odparuje, a owoce staną się miękkie i nabiorą złotego koloru, zdejmujemy z ognia, skrapiamy sokiem z cytryny. Kremówkę ubijamy z cukrem na sztywno, dodajemy cynamon, delikatnie mieszamy.

Na środku każdego talerza robimy kleks ze śmietany, dookoła niego układamy brzoskwinie, tak by utworzyły „słoneczko". Owoce posypujemy podprażonymi płatkami migdałów.

Ajerkoniak z jeżynami

Czyli kogel-mogel dla dorosłych. Jego nazwa pochodzi od niemieckiego słowa „eier" (jajka). Ten kremowy napój alkoholowy sporządzany na bazie żółtek utartych na puszystą pianę z cukrem i z dodatkiem spirytusu (częściej) lub wódki (rzadziej) święcił tryumfy na imieninach i przyjęciach w czasach PRL-u, gdy słodyczy brakowało nie tylko dzieciom, ale i dorosłym.

8 osób
łatwe

10 żółtek, 1 szklanka cukru, 1 opakowanie cukru waniliowego z prawdziwą wanilią, 1 szklanka spirytusu, 500 ml jogurtu greckiego dobrej jakości, 500 g jeżyn (mogą być jagody)

Żółtka ubijamy z cukrem ok. 10 minut, by masa była jak najbardziej puszysta. Pod koniec ubijania dodajemy cukier waniliowy, a potem zmniejszamy obroty miksera i małymi partiami dolewamy spirytus.

W głębokim talerzu (takim do zupy) układamy na dnie kopiastą łyżkę jogurtu greckiego i oblewamy go dookoła ajerkoniakiem. Dekorujemy jeżynami i listkami jeżynowymi.

Jak kupować cukier?

Najlepiej jak najrzadziej, w jak najmniejszych ilościach. Trzcinowy czy brązowy wcale nie jest zdrowszy od białego. Tak naprawdę często to ten sam cukier, tylko barwiony karmelem, który – owszem – nadaje mu lekko przypalony smak, pasujący do wielu deserów i do kawy, ale nie zmienia jego kaloryczności ani właściwości odżywczych. Nieco więcej składników odżywczych mają cukry nierafinowane, np. muscovado czy demerara. Oprócz sacharozy zawierają one większość składników mineralnych z soku z trzciny cukrowej, m.in. wapń, fosfor, magnez, żelazo. Ponadto jest w nich nawet do 40 razy więcej potasu niż w cukrze białym. Jednak to nadal cukier, który naszemu zdrowiu przynosi więcej szkody niż pożytku.

Sernik na zimno
z jagodami

Nie wyobrażam sobie lata bez sernika na zimno. I nie interesują mnie wersje inspirowane Italią – na bazie słodkiego, kremowego serka mascarpone. Nie dość, że jest bardziej kaloryczny, to jeszcze wręcz nijaki w smaku. Sernik musi być kwaśny i słodki jednocześnie! Sęk bowiem tkwi w tym, by pobudzać kubki smakowe, atakując je na różne sposoby. Do tego przepisu zamiast jagód możemy użyć innych sezonowych owoców: malin, truskawek, porzeczek, brzoskwiń czy moreli.

12 osób
(tortownica
o średnicy 28 cm)
średnio trudne

200 g ciastek owsianych (lub herbatników), twardych i chrupiących, 3 łyżki kakao, 100 g masła, 800 g serka homogenizowanego naturalnego, bez dodatków, 3 żółtka, 1/2 szklanki cukru, 1 opakowanie cukru waniliowego lub 1 laska wanilii, 5 łyżeczek żelatyny w proszku, 500 g jagód, 1 galaretka owocowa (bez sztucznych aromatów i barwników), kilka listków mięty

Ciastka kruszymy, dodajemy kakao i masło, dokładnie mieszamy i zagniatamy. Dno tortownicy wykładamy papierem do pieczenia, wyklejamy ciastkową masą i wkładamy na 10 minut do piekarnika nagrzanego do 180°C. Studzimy.

Żelatynę zalewamy niewielką ilością zimnej wody, odstawiamy na kilka minut, by napęczniała. Żółtka wlewamy do miski, wsypujemy cukier, ubijamy na gładką masę. Dodajemy serek homogenizowany i cukier waniliowy (jeśli mamy laskę wanilii, to musimy ją przekroić, wydłubać ziarenka i wrzucić do sera). Delikatnie mieszamy.

W garnku zagotowujemy 1/2 szklanki wody, zdejmujemy z gazu i wlewamy napęczniałą żelatynę. Mieszamy, aż się rozpuści. Do żelatyny dodajemy kilka łyżek masy serowej, starannie mieszamy. Wlewamy do reszty masy, dokładnie mieszając. Przekładamy masę serową na kakaowo--owsiany spód i umieszczamy w lodówce na 2 godziny.

W tym czasie myjemy i osuszamy owoce oraz przygotowujemy galaretkę (według przepisu na opakowaniu). Gdy po mniej więcej 2 godzinach masa serowa stężeje, delikatnie układamy na niej owoce i listki mięty, zalewamy tężejącą galaretką. Sernik wstawiamy na kilka godzin do lodówki.

Jak kupować żelatynę?

W sklepach możemy kupić żelatynę najczęściej wieprzową, sproszkowaną lub w listkach, albo jej wegański odpowiednik, czyli agar. Żelatynę w proszku (koniecznie bez grudek, bo słabo nam się rozpuści) wsypujemy do zimnej wody (proporcje zwykle podane są na opakowaniu – 20 g na litr). Odstawiamy ją na 10 minut do napęcznienia. Dolewamy do gorącej wody i mieszamy do rozpuszczenia. Żelatynę w listkach łamiemy, wkładamy do zimnej wody (płatek na szklankę wody). Po 10 minutach, gdy płatki zmiękną, trzeba je wyjąć i delikatnie odcisnąć nadmiar wody. Wtedy dodaje się je do ciepłego roztworu (ilość tego roztworu podana jest w przepisie) i miesza, aż płatki całkowicie się rozpuszczą.
Agar zalewamy i pozostawiamy na 10 minut do napęcznienia, następnie stawiamy na gaz i gotujemy od 5 do 15 minut, w zależności od ilości agaru (dokładny przepis znajdziemy na opakowaniu).

Panna cotta makowa

z sosem wiśniowym

Włoski deser idealny na ciepłe dni, przyjęcie w ogrodzie, piknik czy wspólne grillowanie. Przygotowuje się go bardzo szybko, ale potrzebuje kilku godzin, aby stężeć, więc najlepiej zrobić go dzień wcześniej. Panna cotta, czyli gotowana śmietanka, jest słodka. Warto podawać ją z sosem z kwaśnych owoców, np. wiśni, truskawek, agrestu czy porzeczek.

12 osób
łatwe

1 l słodkiej śmietanki 18% (z kartonika), 1 l słodkiej śmietanki 30% (z kartonika), 3/4 szklanki cukru, 1 laska wanilii, żelatyna na 2 l płynu (według przepisu na opakowaniu), 12 łyżek maku, 1 kg wiśni, 4 łyżki miodu, 1 lub 2 kieliszki nalewki wiśniowej

Mak zalewamy wodą i gotujemy ok. 45 minut na małym ogniu. Odcedzamy na sicie. Śmietankę 18- i 30-procentową wlewamy do garnka, dodajemy cukier, podgrzewamy. Laskę wanilii przekrawamy, wydłubujemy z niej ziarenka i wrzucamy je do śmietanki. Wrzucamy też pozbawioną ziaren laskę (w całości), która będzie oddawała aromat. Zagotowujemy. Gdy na śmietance pojawią się pierwsze bąbelki powietrza (co świadczy o tym, że się zagotowała), zestawiamy z ognia. Żelatynę przyrządzamy według przepisu na opakowaniu (warto wziąć jej ciut mniej niż na 2 l płynu, bo śmietanka jest gęstsza, a włożymy do niej jeszcze mak) i natychmiast dodajemy do gorącej śmietanki, energicznie mieszając rózgą. Po 1–2 minutach, gdy żelatyna się rozpuści, wyjmujemy laskę wanilii.

Na stole układamy 12 naczynek (słoiczków lub pucharków), do każdego nakładamy łyżkę maku, zalewamy panna cottą. Odstawiamy do wystygnięcia, a potem wstawiamy do lodówki na co najmniej 3 godziny.

Wiśnie płuczemy, drylujemy, wrzucamy do garnka i zagotowujemy. Pod koniec gotowania wlewamy nalewkę. Gdy sos zacznie wrzeć, odstawiamy go do przestygnięcia. Dodajemy miód i miksujemy na gładko. Dekorujemy nim każdą porcję panna cotty.

Pierogi czekoladowe

z jabłkiem i serem

Czyli kolejna wariacja na temat naszej potrawy narodowej. Podane na deser z pewnością zaskoczą gości, ale też wzbudzą zachwyt. Kwaśne jabłka połączone z serem, doprawione cynamonem i białą czekoladą – pycha!

8 osób
średnio trudne

2 duże kwaśne jabłka, najlepiej szare renety, 1 łyżka masła, 3 łyżki brązowego cukru, 1/2 łyżeczki cynamonu, 500 g białego półtłustego sera, 500 g mąki, 1/2 szklanki (lub trochę więcej) bardzo gorącej wody, 3 łyżki kakao, 1 łyżka oleju rzepakowego, 1 tabliczka (100 g) białej czekolady dobrej jakości, sól

Jabłka obieramy, kroimy w jak najdrobniejszą kostkę, podsmażamy na maśle, dodajemy brązowy cukier i cynamon, studzimy. Czekoladę dzielimy na pół, jedną część drobno siekamy, drugą zostawiamy na polewę. Do miski przeciskamy przez praskę ser, dodajemy ostudzone jabłka i 1/2 tabliczki posiekanej czekolady. Z mąki, wody i kakao zagniatamy ciasto, dodajemy olej. Rozwałkowujemy. Za pomocą szklanki wycinamy kółka, formujemy pierogi, nadziewamy je masą jabłkową. Gotujemy w osolonej wodzie mniej więcej 1 minutę od wypłynięcia. Podajemy polane rozpuszczoną na parze białą czekoladą.

Jak kupować czekoladę?

Gorzka (czasem nazywana też deserową) – przynajmniej 60% jej składników powinno pochodzić z ziaren kakaowca. Ma 2–5 razy więcej teobrominy, zbliżonej działaniem do kofeiny, niż czekolada mleczna. I jest najmniej kaloryczna spośród czekolad – 480 kcal w 100 g.
Mleczna – zawiera co najmniej 25% składników pochodzących z ziaren kakaowca, a oprócz tego mleko, proszek mleczny i wanilię. Ma 530 kcal w 100 g.
Biała – w zasadzie to nie czekolada, a cukier i tłuszcz z kakaowca. Bardzo kaloryczny (powyżej 530 kcal w 100 g), a do tego drogi: 60–70 g cukru i łyżka tłuszczu kosztuje nawet 4 zł. Słono płacisz za pustą i tłustą słodycz.
Z dodatkami – nadziewana, z orzechami i suszonymi owocami. Takie czekolady są zwykle najbardziej kaloryczne (nawet 600 kcal w 100 g), a przy tym najbardziej podejrzane. Mają mnóstwo składników i na nich najłatwiej oszukiwać. Do tego, aby płynne nadzienie się nie zepsuło, trzeba dosypać chemii: konserwantów, barwników, aromatów. Na przykład nadzienie truskawkowe to mnóstwo cukru, pasta z orzechów laskowych, a z truskawki – jedynie chemiczny aromat

Domowe pralinki

Urządzając uroczyste kolacje w rezydencji ambasadora, zawsze staraliśmy się pokazać nie tylko polską kuchnię, ale i polską gościnność. Małą tradycją stało się obdarowywanie znamienitych gości drobiazgami kulinarnymi domowej roboty. Kiedy Donald Tusk został przewodniczącym Rady Europejskiej, a Kanada dopuściła do sprzedaży polskie jabłka, goście otrzymali malutkie, zgrabne słoiczki z domową konfiturą jabłkową aromatyzowaną żubrówką. Gdy zdarzyło się, że kolacja wypadła w tłusty czwartek, każdy zaproszony dostał pączka z konfiturą różaną oraz informacją na temat polskich ostatkowych zwyczajów kulinarnych. Często goście otrzymywali też w prezencie czekoladki, które z radością przygotowywały pod moim okiem nasze córki. Dekorowały je grubym cukrem, pokruszonymi orzechami lub wiórkami kokosowymi.

Białe z żubrówką

ok. 20 sztuk
łatwe

2 tabliczki (200 g) białej czekolady dobrej jakości, 1 kieliszek żubrówki, 2 szklanki ryżu dmuchanego, 1/2 szklanki płatków migdałowych do obtoczenia czekoladek

Czekoladę rozpuszczamy na parze, dodajemy żubrówkę, chwilę (ok. 2 minut) podgotowujemy, ciągle mieszając. Studzimy, wsypujemy ryż. Formujemy kulki i obtaczamy je w płatkach migdałowych. Układamy w pudełku po czekoladkach.

Krówki

ok. 20 sztuk
łatwe

2 szklanki cukru, 1 opakowanie cukru waniliowego z prawdziwą wanilią, 2 szklanki mleka, 100 g masła, 1/2 szklanki wiórków kokosowych do posypania krówek (opcjonalnie), olej do wysmarowania formy

Wszystkie składniki oprócz wiórków wkładamy do garnka. Gotujemy 60–70 minut na średnim ogniu, cały czas mieszając, żeby masa się nie przypaliła. Gdy zacznie gęstnieć i nabierać koloru toffi, zwiększamy temperaturę (nie przerywamy mieszania!). Gdy masa stanie się kleista i będzie ciężko spływać z łyżki, przekładamy ją do naczynia wysmarowanego olejem i zostawiamy do zastygnięcia. Możemy posypać wiórkami kokosowymi. Kroimy dopiero po schłodzeniu, najlepiej następnego dnia.

Śliwki w czekoladzie

ok. 20 sztuk
łatwe

2 tabliczki (200 g) gorzkiej czekolady dobrej jakości, 2 łyżki słodkiej śmietanki 18% (z kartonika), 20 suszonych śliwek (najlepiej polskich wędzonych, ale mogą być też kalifornijskie), 1/2 szklanki orzechów włoskich

Orzechy mielimy lub rozkruszamy, by powstały drobinki. Czekoladę rozpuszczamy na parze, dodajemy śmietankę, mieszamy. Śliwki lekko zgniatamy w dłoniach, by nabrały kulistego kształtu. Maczamy w czekoladzie, obtaczamy w orzechach.

Trufle różane

20 sztuk
średnio trudne

2 tabliczki (200 g) czekolady mlecznej dobrej jakości, 3/4 szklanki śmietanki 30%, 3–4 łyżki konfitury różanej 3/4 szklanki kakao, ususzone płatki róż (opcjonalnie)

Czekoladę rozpuszczamy na parze, dodajemy śmietankę, mieszamy. Zdejmujemy z ognia, dodajemy konfiturę różaną, starannie mieszamy. Nakrywamy ściereczką i zostawiamy do wystygnięcia – najlepiej włożyć na noc do lodówki. Następnego dnia z truflowej masy formujemy kulki, obtaczamy je w kakao i posypujemy płatkami róż.

Tarta makowa

z bezą

Czyli łatwiejszy od tradycyjnego zawijańca drożdżowego sposób na świąteczny przysmak. Zamiast domowej masy makowej można w ostateczności użyć gotowej, ze sklepu, byle miała na pierwszym miejscu w składzie mak, a nie wodę. Mnie jednak zwykle odstręcza w gotowych masach sztuczny aromat migdałowy, który dodany do makowca całkowicie zabija jego smak, w związku z tym powinien być zbrodnią kulinarną ściganą z urzędu. Sztuczny aromat migdałowy lepiej zastąpić prawdziwą wanilią.

12 osób
(tortownica o średnicy 28 cm)
średnio trudne

1 i 1/2 szklanki mąki pszennej, 1 czubata łyżka mąki ziemniaczanej, 200 g masła (koniecznie schłodzonego), 3 łyżki cukru, 3 jajka, masło do wysmarowania formy, bułka tarta do wysypania formy

Masa makowa i bezowa: 2 szklanki maku, 3 jajka, 4 łyżki miodu, 1/2 szklanki orzechów włoskich, 1/2 szklanki rodzynek, 1/2 szklanki suszonych moreli lub skórki pomarańczowej, 1/2 szklanki suszonych śliwek, cukier waniliowy z prawdziwą wanilią, skórka starta z 1 cytryny, 1 i 1/2 szklanki cukru, szczypta soli

Jak kupować cukier waniliowy?

Handel oferuje nam głównie cukier „wanilinowy", nie „waniliowy". Niby jedna literka, a robi kolosalną różnicę! W cukrze wanilinowym wanilia jest bowiem syntetyczna. Taką sztuczną wanilię, czyli wanilinę lub etylowanilinę, wykorzystuje się nie tylko w przemyśle spożywczym, ale także kosmetycznym, farmaceutycznym, do produkcji świec i rozmaitych zapachów. Ma ona nawet trzykrotnie silniejszy aromat od prawdziwej wanilii, a do tego jest wielokrotnie tańsza, jednak nijak się ma do tej prawdziwej.

Mak zalewamy 3 szklankami wody, gotujemy na małym ogniu 30–40 minut. Odcedzamy na sicie i mielimy dwa razy na najmniejszych oczkach w maszynce do mięsa.

Zimne masło siekamy nożem, dodajemy mąkę pszenną, mąkę ziemniaczaną, 3 łyżki cukru i 3 żółtka. Zagniatamy ciasto, owijamy w folię i wkładamy na 30 minut do lodówki.

Do maku dodajemy 3 żółtka, miód, pokruszone dość mocno orzechy, pokrojone drobno bakalie, cukier waniliowy, skórkę startą z całej cytryny.

Ubijamy lekko 6 białek (3 pozostałe po kruchym cieście i 3 z masy makowej), dodajemy szczyptę soli i zaczynamy ubijać mocniej. Gdy masa będzie sztywna, dorzucamy po łyżce cukru, stale ubijając. Po dodaniu ostatniej partii cukru ubijamy jeszcze kilka minut.

Kruche ciasto wyjmujemy z lodówki. Tortownicę wykładamy papierem do pieczenia lub smarujemy masłem i posypujemy bułką tartą. Wyklejamy ciastem spód i boki. Wkładamy do środka masę makowo-bakaliową, na górze wykładamy bezę. Pieczemy około godziny w temperaturze 160°C. Aby beza się nie spiekła, możemy przykryć tortownicę folią aluminiową albo wstawić brytfannę z wodą na górną półkę piekarnika (nad bezą).

Kruche ciasto

ze śliwkami z sosem waniliowym

Nie wyobrażam sobie jesieni bez śliwek. Gdy pojawiają się w sklepach i na targach, od razu myślę o knedlach, powidłach i cieście ze śliwkami. Mówi się, że najlepsze do gotowania i pieczenia są węgierki, słodkie i kwaśne jednocześnie, ale ja kocham śliwki w każdym wydaniu. Te kwaśne zawsze można dosłodzić cukrem pudrem lub grubą rafinadą albo podać z sosem waniliowym. Ciasto, na które przepis podaję niżej, świetnie wychodzi też z mirabelek (w dodatku można z nich łatwo usunąć pestki za pomocą drylownicy). Aromat w domu jest bezcenny, a i smak pamięta się przez cały rok.

12 osób (brytfanna o wymiarach 25 × 36 cm) łatwe

200 g masła (koniecznie schłodzonego), 1/2 szklanki cukru, 2 szklanki mąki pszennej, 2 łyżki mąki ziemniaczanej, 3 żółtka, 1 opakowanie cukru waniliowego z prawdziwą wanilią, 1,5–2 kg śliwek (np. węgierek, mirabelek, renklod), masło do wysmarowania formy, bułka tarta do wysypania formy, cukier puder lub gruby cukier do posypania ciasta (opcjonalnie)

Sos waniliowy: 2 opakowania serka typu Bieluch, 1 laska wanilii (albo cukier z prawdziwą wanilią lub ekstrakt z prawdziwej wanilii), 4 łyżki cukru pudru

Masło kroimy na kawałki zaraz po wyjęciu z lodówki (powinno być zimne) i wrzucamy do miski. Dodajemy cukier, mąkę pszenną, mąkę ziemniaczaną, żółtka, cukier waniliowy. Zagniatamy ciasto. Zawijamy je w folię i wkładamy na 30 minut do lodówki. W tym czasie myjemy śliwki i usuwamy z nich pestki. Brytfannę o wymiarach 25 × 36 cm smarujemy masłem, posypujemy bułką tartą (albo wykładamy papierem do pieczenia). Ciasto wyjmujemy z lodówki, lekko rozwałkowujemy, wyklejamy nim brytfannę. Na wierzchu układamy śliwki, jedna przy drugiej. Pieczemy mniej więcej godzinę w temperaturze 170°C. Upieczone ciasto możemy posypać cukrem pudrem lub grubym cukrem rafinowanym – jeśli śliwki są bardzo kwaśne.

Serek mieszamy z cukrem pudrem i wanilią. Schładzamy w lodówce, podajemy z ciastem śliwkowym.

Mazurek cytrynowy

z bakaliami

Kiedy pierwszy raz zrobiłam tartę cytrynową według przepisu genialnej Neli Rubinstein, żony słynnego pianisty Artura Rubinsteina, moja rodzina oszalała z zachwytu. Kwaśne i słodkie, aromatyczne ciasto wprost rozpływało się w ustach. Aniela Rubinstein miała coś w rodzaju absolutnego smaku, potrafiła bezbłędnie rozpoznać składniki w daniu serwowanym w restauracji i ugotować później tę potrawę w domu, zazwyczaj lepiej. Jej książka kucharska „Kuchnia Neli" dla mnie i dla wielu moich koleżanek stanowi do dziś doskonałe źródło nauki i inspiracji. Tartę cytrynową Neli przerobiłam na mazurek. Jest naprawdę pyszny.

12 osób
(duża blacha)
średnio trudne

400 g masła (koniecznie o temperaturze pokojowej), 2 i 1/2 szklanki mąki pszennej, 7 łyżek cukru, szczypta soli, 4 żółtka, różnorodne bakalie, np. migdały, rodzynki, wiórki kokosowe

Masa cytrynowa: 5 cytryn, 6 łyżek masła (koniecznie miękkiego), 1/2 szklanki bułki tartej, 5 jajek, 1 i 1/2 szklanki cukru, 2 szklanki (400 g) śmietanki 30%

Masło powinno mieć temperaturę pokojową, należy więc wcześniej wyjąć je z lodówki. Rozcieramy je z mąką, dodajemy cukier, sól i żółtka. Gdy całość zacznie przypominać kruszonkę, energicznie, ale niezbyt długo zagniatamy ciasto, by nie było twarde. Rozwałkowujemy je i schładzamy w lodówce ok. 30 minut. Po tym czasie wykładamy na wysmarowaną masłem blachę i podpiekamy 10–15 minut w piekarniku nagrzanym do temperatury 180°C.

Cytryny starannie myjemy. Ze wszystkich ścieramy na tarce skórkę, uważając, by nie naruszyć białej, gorzkiej części. Następnie wyciskamy sok – powinniśmy uzyskać ok. 1 szklanki. Do sporego naczynia wkładamy miękkie masło, bułkę tartą, sok i skórkę cytrynową, jajka, cukier oraz śmietankę. Miksujemy krótko, tylko do połączenia składników.

Masę wylewamy na podpieczony spód. Ponieważ trochę urośnie podczas pieczenia, nie powinna sięgać brzegów formy. Mazurek pieczemy 20–30 minut w temperaturze 170°C. Gdy lekko przestygnie, dekorujemy go bakaliami. Ja robię pasy – rząd migdałów, rząd rodzynek, rząd wiórków kokosowych itp.

Sernik z konfiturą

z płatków róż

To moje ulubione ciasto. Słodkie i kwaśne jednocześnie, lekko tłuste, aksamitne na języku, po prostu pyszne! Konfitura różana nadaje mu wspaniały kolor i aromat, a róże i różyczki dają wiele możliwości dekoracji. Ważne tylko, by masło i jajka wyjąć z lodówki, zanim zabierzemy się do pieczenia. Gdy będą zbyt zimne, sernik może opaść i się rozwarstwić.

12 osób
(tortownica
o średnicy 28 cm)
średnio trudne

200 g ciastek owsianych (lub herbatników), twardych i chrupiących, 3 łyżki kakao, 100 g masła, 1 kg białego tłustego sera, 3/4 szklanki cukru, 3 łyżki mąki ziemniaczanej, 3 łyżki mąki pszennej, 10 jajek, 1 opakowanie cukru waniliowego z prawdziwą wanilią (lub 1 laska wanilii), słoiczek konfitury z płatków róż, róże do dekoracji

Ciastka owsiane (lub herbatniki) kruszymy, dodajemy kakao i masło, dokładnie mieszamy i zagniatamy. Tortownicę wykładamy papierem do pieczenia i jej dno wyklejamy masą ciastkową. Ser mielimy dwa razy w maszynce do mięsa. Żółtka ubijamy na puch z cukrem zwykłym i waniliowym (uwaga: jeśli mamy wanilię w laskach, zeskrobane z niej ziarenka wrzucamy na końcu). Dodajemy do nich zmielony ser, mąkę pszenną i ziemniaczaną, a na końcu ubite na sztywno białka, delikatnie mieszając całość łyżką. Masę serową przelewamy do wyłożonej ciastkami formy. Pieczemy 1 godzinę w temperaturze 180°C. Po upieczeniu dobrze jest studzić sernik powoli w piekarniku, by nie opadł. Gdy się schłodzi, kroimy go na kawałki lub wycinamy formatką kółka, smarujemy konfiturą z płatków róż i dekorujemy kwiatami.

Ciasto buraczkowe

Czyli zaskakująca, polska wersja hitowego ciasta marchewkowego. Wygląda i smakuje jeszcze lepiej niż amerykański odpowiednik. Idealne na piknik, wyjazd, podwieczorek. Ratuje niedzielny deser zimą, gdy brakuje świeżych owoców, a buraki nadal są dostępne. Latem możemy ciasto udekorować świeżymi malinami, które idealnie komponują się z burakami.

12 osób
(tortownica o średnicy 18–20 cm)
średnio trudne

3 spore buraki lub 4 mniejsze (1 szklanka startych), 1 i 1/2 szklanki mąki pszennej, 1/2 szklanki cukru, 1 opakowanie cukru waniliowego (lub 1 laska wanilii), 3 jajka, 1/3 szklanki oleju, sok z 1/2 cytryny, 1/2 łyżeczki proszku do pieczenia, 1/2 łyżeczki cynamonu, 1 łyżeczka sproszkowanych goździków, 10 czubatych łyżek cukru pudru, 4 łyżki gorącej wody, maliny do dekoracji (opcjonalnie)

Żółtka ubijamy z cukrem na gładką bladożółtą masę, a białka na sztywną pianę. Buraki myjemy, obieramy i ścieramy na tarce o grubych oczkach – powinniśmy otrzymać 1 szklankę lub ciut więcej. Do buraków wsypujemy mąkę, cukier waniliowy (lub ziarenka wanilii), proszek do pieczenia, cynamon i goździki, wlewamy olej i sok z cytryny. Mieszamy. Stopniowo dodajemy kogel-mogel, delikatnie mieszając, a na końcu – równie delikatnie – białka.

Tortownicę wykładamy papierem do pieczenia, wlewamy ciasto. Pieczemy je w temperaturze 180°C przez 30–40 minut. Wyjmujemy z piekarnika i studzimy. Mieszamy 4 łyżki gorącej wody z 10 łyżkami cukru pudru. Polewamy ciasto lukrem (można pokusić się o fantazyjne mazaje) i dekorujemy malinami.

WWW.PHOTOHEAVEN.NET
PHOTO Heaven
AGENCJA FOTOGRAFICZNA

Realizacja i produkcja sesji zdjęciowej potraw – Agencja Fotograficzna PhotoHeaven, www.photoheaven.net
Stylizacja i fotografie potraw – Angelika Pałasz i Piotr Fajfer
Fotografie autorki na okładce i we wnętrzu – Anna Powierża

Redakcja – Agata Mikołajczak-Bąk, Eleonora Mierzyńska-Iwanowska
Projekt graficzny – Hanna Polkowska, Zbigniew Wera
Projekt okładki – Zbigniew Wera
Realizacja komputerowa projektu – Dorota Domagała, Alicja Kaczmarek, Michał Pańczak, Hanna Polkowska
Redakcja techniczna – Zbigniew Wera
Korekta – Anna Belter, Agata Mikołajczak-Bąk, Kinga Tes
Edycja materiału ilustracyjnego – Zbigniew Wera

ISBN 978-83-245-2204-0

publicat
WYDAWNICTWO

jest znakiem towarowym Publicat S.A.

PUBLICAT S.A.
61-003 Poznań, ul. Chlebowa 24
tel. 61 652 92 52, fax 61 652 92 00
e-mail: publicat@publicat.pl
www.publicat.pl